DIE SCHÖNSTEN SEEN IN BRANDENBURG

»Die schöne Nonne« in Lindow

Roswitha Schieb

Die schönsten Seen in BRANDENBURG

Ausflüge zu Natur, Kultur und Geschichte

BeBra Verlag

MIX
Papier | Fördert gute Waldnutzung
FSC® C106600

Stand der Informationen: August 2023

Bibliografische Information der Deutschen Nationalbibliothek
Die Deutsche Nationalbibliothek verzeichnet diese Publikation in der Deutschen Nationalbibliografie; detaillierte bibliografische Daten sind im Internet über http://dnb.d-nb.de abrufbar.

Asternplatz 3, 12203 Berlin
post@bebraverlag.de
Lektorat: Marijke Leege-Topp, Berlin
Umschlag: Fernkopie, Berlin (Foto: © Adobe Stock)
Satz: typegerecht berlin
Schrift: Milo 9/12,5 pt
Druck und Bindung: DZS, Ljubljana
ISBN 978-3-89809-240-1

www.bebraverlag.de

Inhalt

Einführung 9

Im Nordosten von Berlin

1 Wandlitzer See und Liepnitzsee mit Bogensee 26

2 Zehdenicker Tonstichlandschaft 30

3 Haussee, Moderfitzsee, Sidowsee, Stolpsee: vier Seen um Himmelpfort 34

4 Ober- und Unteruckersee bei Prenzlau 38

5 Wolletzsee und das Weltnaturerbe Buchenwald Grumsin 42

6 Werbellinsee und Grimnitzsee bei Joachimsthal 46

7 Parsteiner See 50

8 Schermützelsee bei Buckow 54

9 Straussee bei Strausberg 58

Im Südosten von Berlin

10 Stienitzsee, Kalksee und Flakesee bei Rüdersdorf und Woltersdorf 64

11 Müggelsee 68

12 Löcknitz-Seenkette, auch Neue Löcknitz, bei Erkner und Grünheide 72

13 Storkower Seenlandschaft 78

14 Scharmützelsee bei Bad Saarow 84

15 Helenesee 88

16 Großer Müllroser See und das Schlaubetal 92

17 Schwielochsee 96

18 Lausitzer Seenland, brandenburgischer Teil 100

19 Teupitzer See: eine Bootsfahrt von Köpenick-Wendenschloss nach Teupitz 106

Im Südwesten von Berlin

20 Große Havelseenkette bei Potsdam: Templiner See, Schwielowsee, Glindower See, Großer Plessower See, Großer Zernsee, Wublitz, Schlänitzsee, Fahrlander See, Jungfernsee 116

21 Großer Wannsee 130

22 Groß Glienicker See und Sacrower See 136

23 Heiliger See und Jungfernsee in Potsdam 142

24 Havelseenkette bei Brandenburg: Trebelsee, Beetzsee, Breitlingsee, Möserscher See, Plauer See, Wendsee 150

Im Nordwesten von Berlin

25 Tegeler See und Nieder Neuendorfer See 164

26 Lehnitzsee 170

27 Hohennauener-Ferchesarer See 174

28 Kyritzer Seenkette: Ober- und Untersee 180

29 Ruppiner See 184

30 Huwenowsee bei Meseberg 188

31 Wutzsee bei Lindow 192

32 Rheinsberger See und Grienericksee 196

33 Stechlinsee 202

Übersichtskarte 206

Abbildungsnachweis 208

Über die Autorin 208

Schaukel am See

Stockente am Wasser

Einführung

Wer auf der Autobahn die Grenze zum Land Brandenburg überquert, wird von einer großen Fototafel begrüßt, auf der ein See mit Steg und Sonnenuntergang zu sehen ist, darauf der Slogan: »Dieser Weg ist das Ziel«. Und wer auf demselben Weg das Bundesland verlassen möchte, wird mit dem Bild eines sommerlichen Sees und den Worten »Warum wegfahren? Rausschwimmen!« geradezu zur Umkehr aufgefordert.

Zwar stechen die meisten der brandenburgischen Seen nicht sofort ins Auge, da sie in den Wäldern verborgen liegen, weswegen Fontane von den Reisenden in der Mark eine »feinere Art von Natur- und Landschaftssinn« fordert und »gröbliche(n) Augen, die einen Gletscher oder Meeressturm verlangen«, anrät, zuhause zu bleiben. Nichtsdestotrotz schmücken sich Brandenburg und auch Berlin sehr selbstbewusst mit ihrem reizvollen Seenreichtum, der sich übrigens von oben, vom Flugzeug aus, in besonders eindrucksvoller Weise erschließt. Denn schließlich können die Tourismusstrategen gelassen davon ausgehen, dass die meisten Menschen mit dem glitzernden Seewasser erfrischend-vergnügliche Abkühlung assoziieren, also Baden, Angeln und Bootfahren, Stand-Up-Paddeln oder Foilsurfen, das gottgleich wirkende Surfbrett-Schweben über der Wasseroberfläche.

Dass das nicht immer so war, ja, dass die Freude am Baden und am Wassersport erst 130, maximal 150 Jahre alt ist, zeigt ein Blick in die Geschichte und Vorgeschichte.

Sagenumwobene Urzustände

Die meisten der hier ausgewählten 33 Seen sind eiszeitlichen Ursprungs und erhielten ihre Form etwa 10.000 bis 20.000 Jahre v. Chr. während der Weichseleiszeit. Denn als die Eismassen, die Erde und Gestein vor sich hergeschoben hatten, zu schmelzen begannen, bildeten sich durch das abfließende Wasser Rinnen, Seen und Seenketten. Längst existieren nicht mehr alle von ihnen, da etliche verlandet sind oder sich in Sümpfe und Feuchtgebiete verwandelt haben. Über 3000 Seen aber haben bis heute überdauert, mehr als zwei Drittel davon mit einer Größe von über 10.000 Quadratmetern, die seit Jahrtausenden den

Sommerstimmung am Schermützelsee

landschaftlichen Charakter Brandenburgs und Berlins prägen. Der Schriftsteller Wolf Jobst Siedler spricht davon, dass die milden Hügel, die das Land »vom Schermützelsee beim Barnim bis zum Schwielow im Havelländischen Luch« wellen, eiszeitlich bedingte Dünen sind. Theodor Fontanes großes Vorbild, der Romancier Willibald Alexis, setzte im 19. Jahrhundert mit seinen dickleibigen Romanen nicht nur der brandenburgischen Geschichte, sondern auch der Frühzeit der märkischen Natur ein eindrucksvolles Denkmal, indem er ihren unheilvollen Urzustand vor jeglicher Zivilisation, jenseits der Idylle lebendig werden lässt: »Da lagen umgeworfene Stämme faulend einer über dem anderen, und Gewürm, Kröten und Schlangen wimmelten am Boden, auf den nie ein Lichtstrahl fiel. Und wo der Wald aufhörte, war die Heide mit stacheligen Ginster- und Wachholdersträuchern besetzt, und wo die Heide aufhörte, war das Bruchland; verwachsene Elsen und wilde Schlingpflanzen, daß kein Lüftchen durchdrang, und in dem warmen, feuchten Dunst nisteten Schwärme giftiger Stechfliegen. Wer sich verirrte und nicht untersank, blieb stecken in den Dornen und kam jämmerlich um unter den Stichen des Geschmeißes. Und auch das Wasser, wo es zutage lag, spiegelte nicht die Sonne und die Sterne unter dem blauen Himmel. Da trieben umgefallene Bäume umher, mit dickem Moos überzogen, Inseln schwammen und ein buntes schillerndes Netz von faulenden Stoffen schien darüber ausgebreitet. Die wilden Katzen kletterten in den Baumkronen, Krieg führend mit den Habichten und Krähen. Der Bär schlich brummend in den Schatten um, ein Schrecken der anderen Tiere, und die Waldameise baute ihre hohen Kegelhäuser, das einzige geordnete Gemeinwesen.«

Fast könnte man meinen, Alexis habe mit seiner Schilderung der wenig einladenden Seen und ihrer widrigen Umgebung aufs Gröbste übertrieben. Doch auch Ingeborg Drewitz schreibt in ihrer Sammlung *Märkische Sagen. Berlin und die Mark Brandenburg*: »Immer wieder aber ist es das Wasser, sind es die unergründlichen, vom Faulschlamm schwarzen Seen, ist es die Unzugänglichkeit der Venne und Moore, die in ihrer Menschenfeindlichkeit zum Erzählen Anlaß geben.« Und tatsächlich lauern in vielen Sagen unheimliche chthonische Mächte am Grund der Seen, die wehrlose Opfer und ganze Schiffe hinabziehen, ja, die Seen selbst können unheilvolle Kräfte entfalten und besiedelte Gebiete mit ihren Wassermassen überfluten, sodass den versunkenen Städten nur noch übrigbleibt, vom Seegrund schwache Zeichen wie entfernte Glockenklänge emporzusenden. Wie so oft in Sagen haben diese vinetaartigen Vorstellungen wohl einen wahren Kern, sollen doch tatsächlich für die Entstehung einiger Seen sogenannte Erdfälle, also das Einbrechen eines hohlen Untergrunds mit nachfolgender Überflutung, verantwortlich sein, wie wir am Beispiel des Schermützelsees sehen werden.

Frühe Nutzung der Seen

Schon die slawischen Stämme der Heveller, Sprewanen, Lutizen und Sorben, die Brandenburg und Berlin im frühen Mittelalter besiedelten und Fischerkieze bildeten, nutzten die Seen zum Fischfang und die etliche Seen verbindenden Wasserläufe der Havel, der Spree und ihrer Nebenflüsse als Transportwege, war doch die Durchquerung Brandenburgs zu Lande in der Frühzeit aufgrund der vielen Sumpfgebiete ein heikles Unterfangen. Mit der Christianisierung und der Gründung verschiedener Klöster im Hochmittelalter beanspruchten die Mönche und dann auch der märkische Adel die Fischereirechte für sich. Noch heute ist die Binnenfischerei ein bedeutender Wirtschaftszweig in Brandenburg, und die traditionelle hiesige Küche bringt neben Fischsuppen vor allem Aal, Hecht, Zander, Karpfen und andere Süßwasserfische auf den Tisch.

Zwar waren der Fischreichtum und auch das Röhricht der Schilfgürtel, das in vergangenen Jahrhunderten als Baumaterial für die Reetdächer der Häuser genutzt wurde, für die Region äußerst bedeutsam. Dennoch konnte aufgrund der großen Anzahl der eine oder andere See als entbehrlich empfunden werden, eine Vorstellung, die an die Landgewinnungspläne in Goethes *Faust II* erinnert, wo Teile des Meeresufers in fruchtbares Land verwandelt werden sollen. So ist ein Gespräch zwischen Friedrich II. und einem Oberamtmann überliefert, den der König 1779 auf einer seiner Inspektionsreisen durch die Grafschaft Ruppin

Boot am Moderfitzsee bei Himmelpfort

nach Verbesserungsvorschlägen fragt, worauf der Oberamtmann antwortet: »O ja, Ihro Majestät. Hier liegt die (!) Kremmensee. Wenn selbige abgegraben würde, so bekämen Ihro Majestät an achtzehnhundert Morgen Wiesenwachs, wo Kolonisten könnten angesetzt werden (...). Ihro Majestät (können) sicher darauf rechnen, daß achtzehnhundert Morgen von der See gewonnen werden; das wären sechsunddreißig Kolonisten, jeder zu funfzig Morgen.«

Obwohl Friedrich II. seinerzeit diesem Plan gegenüber nicht abgeneigt war, wurde er wohl nie verwirklicht, existiert doch der Kremmener See heute noch. Aber dieses Gespräch zeigt eindrucksvoll, dass noch im 18. Jahrhundert ein See keinen Wert an sich besaß, sondern nur Nutzgedanken unterworfen war. Eine Ausnahme war übrigens Friedrich II. selbst, der sich in seiner Kronprinzenzeit mit einer Prunkbarke über die Rheinsberger Seen rudern und am Ufer der Remusinsel mehrere Gondel-Anlegestellen einrichten ließ.

Licht Luft Sonne

Erst im 19. Jahrhundert, und eigentlich auch erst in der zweiten Hälfte, wurden die Schönheiten der Seen jenseits ihrer Nutzung als Fischgründe und Transportwege von einem größeren Publikum entdeckt. Hier ging es aber zunächst vor allem um diejenigen Seen, die von der Havel, der Spree oder der Dahme durchflossen und daher mit Segelbooten und Ausflugs-Dampfschiffen zu durchque-

Seepromenade in Neuruppin

ren waren. Erst um 1900 begann die avantgardistische Lebensreformbewegung die Berliner und brandenburgischen Seen als Badegewässer zu nutzen, eine Bewegung, die sich die Befreiung von körperlicher Scham und Einengung auf ihre Fahnen geschrieben hatte und eine neue Körperkultur entwickelte. Dabei war wohl ein Teil der Licht-, Luft- und Sonnebewegten noch gar nicht des Schwimmens mächtig, gab es doch kollektiven Schwimmunterricht ab dem Beginn des 19. Jahrhunderts nur in Militärschulen. Der Künstler und Lebensreformer Fidus, der sich in Woltersdorf am Kalksee niederließ, schuf mit seiner Lithographie *Lichtgebet*, auf der ein nackter junger Mann seine Arme dem Himmel entgegenstreckt, eine Inkunabel der Avantgardebewegung, die sich gegen puritanisch-einschnürende Körperkonventionen richtete. 1908 wurde dann das Strandbad Wannsee, das erste Bad dieser Art in Europa, eröffnet. Das gemischte Baden der Geschlechter war unerhört neu und zog Lebensreformer ebenso an wie proletarische Teile der Bevölkerung. Ab 1919 galt der südlich von Berlin liegende Motzener See als »feuchte Wiege der Freikörperkultur«, der Scharen von FKK-Anhängern beim gemeinsamen Baden vereinte.

Flora und Fauna

Die meisten der in diesem Buch porträtierten Seen sind eiszeitlichen Ursprungs, einige entstanden auf künstliche Weise aus Tonstichen und Bergwerkstagebau und wieder andere gehören zu ganzen Seengebilden und -ketten. Fontane schreibt über die 55 Seen bildende Havel, die zu Ausbuchtungen und -beulungen, zu Seitenarmen und sumpfigen Uferpartien neigt und etymologisch mit dem Wort »Haff« verwandt ist: »Der Schwilow ist eine Havelbucht im großen Stil wie der Tegler See, der Wann-See, der Plauesche See. Allesamt sind es Flußhaffe, denen man zu Ehre oder Unehre den Namen ›See‹ gegeben hat. In etwaige Rangstreitigkeiten treten wir nicht ein.« Und es ist nicht nur die Havel, die eine ganze Seenkette bildet, sondern es sind auch die Spree, die Dahme und – in kleinerem Maßstab – die Löcknitz, der Rhin, die Dosse, die Schlaube, die Welse, die Ucker, die Woblitz und die Briese, die etliche Seen durchfließen und durch diverse Gräben, Fließe und Kanäle wiederum mit größeren Flüssen und schließlich durch die Elbe oder die Oder mit der Nord- oder der Ostsee verbunden sind. Dieses Gewirr kleinerer Gewässer regt Fontane zu einem atemberaubenden Vergleich an: »Wer tagelang an Rhin oder Finow, an Stobber oder Löcknitz, an Nieplitz oder Notte herumgewandert ist, der blickt, wenn er eines Flusses, wie die Havel, wieder ansichtig wird, auf ihre blauen und seenreichen Flächen, als zöge die Wolga an ihm vorüber.«

Da viele der Berliner und brandenburgischen Seen durchflossene Gewässer sind, erzeugt der Wechsel von Stillwasserbezirken und durchfließendem Wasser unterschiedliche Lebensräume, wodurch eine große Artenvielfalt begünstigt wird. Die reiche Flora und Fauna wird in etlichen Naturparks, Biosphärenreservaten und einem Nationalpark geschützt, ja, Brandenburg weist deutschlandweit die höchste Dichte an Naturschutzgebieten auf, die ein Drittel des Bundeslands einnehmen. In den und um die Seen der Uckermark, des Barnim, des Spree- und Dahme-Seengebiets, des Havellands, der Prignitz, des Ruppiner Lands und der Lausitz hat sich eine Fülle seltener Tier- und Pflanzenarten erhalten. So finden sich in Seenähe mancherorts Orchideen und Wollgras, direkt am Ufer leben Fischotter und Biber und die Wasseroberfläche sowie die unmittelbare Umgebung der Seen wird von Kormoranen, Graureihern, Störchen, Wildgänsen, Kranichen, Seeadlern, Blässhühnern, Schwänen und Eisvögeln bevölkert. Letztere bauen an sandigen Steilufern der Seen ihre Brutröhren, deren Boden von den silbrig-durchschimmernden Flügeln der verfütterten Libellen bedeckt ist. Im ökologisch wichtigen Schilfgürtel, der als Bodenverfestiger und Schadstofffilter dient, verstecken sich Rohrdommeln, die sich bei Gefahr mit ihrer Pfeilstellung mimikrihaft perfekt an das Röhricht anpassen können. Dort bauen auch Haubentaucher ihre empfindlichen Schwimmnester am Schilfrand und Rohrsänger befestigen ihre Nester direkt an den Schilfhalmen. Nicht nur die mittlerweile höchst seltene Rotbauchunke und andere Amphibien kommen in und an den brandenburgischen Seen vor, sondern an die 100 Vogelarten, von denen sich etliche auf der Roten Liste für bedrohte Tierarten finden.

Die Rohrdommel ist für ihre schallenden Balzrufe berühmt.

Auch der Fischreichtum in den brandenburgischen Seen ist beträchtlich. Die größte hiesige Fischart ist der Wels, der bei einer Länge von zweieinhalb Metern bis zu 100 Kilogramm schwer sein kann – allerdings sind Exemplare von diesen Ausmaßen höchst selten anzutreffen. Berufsfischer konzentrieren sich vor allem auf Aale, Barsche, Bleie, Hechte, Plötzen, Schleie und Zander. Viele kleinere Fische wie die Karausche, der Kaulbarsch, das Moderlieschen, der Schlammpeitzger, die Rotfeder, der Ukelei und andere dienen vor allem den großen Fischen als Nahrung und werden vornehmlich von Hobbyanglern aus den Seen gefischt.

Welche Bedeutung die Fische haben, lässt sich daran erkennen, dass sie sogar zu einer besonderen Einteilung der Seen führen. Denn diese werden nicht nur nach ihrem Nährstoffgehalt in oligotrophe, also Seen mit wenig Nährstoffen, und eutrophe, also Seen mit vielen Nährstoffen, unterschieden, sondern auch nach Fischarten, die ein bestimmtes Wasser bevorzugen. So gibt es Maränenseen, sehr tiefe Seen mit äußerst klarem Wasser und möglichst sechs Metern Sichttiefe, die einen hohen Sauerstoffgehalt bis zum Grund aufweisen. Prominentestes Beispiel ist der glasklare Stechlinsee mit seinen bis zu 70 Metern Tiefe, in dem erst kürzlich eine bislang unbekannte Maränenart entdeckt wurde. Weiterhin werden Hecht- und Schleiseen unterschieden, etwa fünf Meter tiefe Waldseen mit klarem Wasser. Davon grenzen sich die Zanderseen ab,

Der Liepnitzsee weist hervorragendes Wasser auf.

flache trübe Seen mit viel Schlamm am Grund. Die durch Planktonalgen hervorgerufene Wassertrübung ist übrigens ein natürlicher Prozess und hat nichts mit der Wasserqualität zu tun. Für Badende, denen bloß Blaualgen etwas anhaben können, ist sie unbedenklich.

Überhaupt unterliegen Seen natürlichen Alterungsprozessen, und viele der durch die Eiszeit entstandenen Gewässer existieren heute schon längst nicht mehr. Je mehr Plankton und Wasserpflanzen nämlich durch Sonneneinstrahlung, Wärme und Abwässer entstehen, desto mehr Schlamm bildet sich durch abgestorbene Pflanzen, ein Prozess, an dessen Endpunkt nach Jahrhunderten oder Jahrtausenden Moorbildung und schließlich die Verlandung stehen. Es gibt sogar Sumpfseen, die im Sommer wie grüne Wiesen oder Reisfelder aussehen, da sie von Krebsscheren, einer an den Blatträndern feingezackten Wasserpflanzenart, bedeckt sind, die im Herbst auf den Grund des Sees herabsinken und wieder einen makellosen Wasserspiegel freigeben.

Kreuzungspunkte von Natur, Geschichte und Poesie

Aus den über 3000 brandenburgischen Seen 33 auszuwählen, ist nicht ganz leicht. Da gibt es stille, verschwiegene Waldseen mit glasklarem Wasser, in dem die Badenden das Gefühl haben, sich mitten durch ein Aquarium zu bewegen, so groß ist die Dichte neugieriger Fische, die die Badegäste mit ihren Mäulchen

Alte Buchenwälder am Ufer des Liepnitzsees

immer wieder anstupsen. Es gibt Seenkreuze und größere Seengebilde wie in der Zechliner Gegend oder bei Templin und Lychen, deren Ufer stellenweise von Ferienbungalows und Campingplätzen gesäumt sind und deren Wasserstraßen von der Freizeitschifffahrt genutzt werden. Die Auswahl der 33 Seen in diesem Buch ist kein Votum *gegen* die nicht erwähnten, sondern *für* diejenigen Seen, die als Kreuzungspunkte von Natur und Kultur unverwechselbar geworden sind. Eingeteilt sind sie in vier Kapitel, die sich im Uhrzeigersinn um Berlin bewegen.

Es handelt sich bei der Auswahl um Seen, denen auch Geschichtliches anhaftet. Es sind Seen, in denen man nicht nur baden oder die man zu Fuß oder per Rad umrunden kann, sondern in deren Dörfern und Städten am Ufer oder in Ufernähe neben den Naturschönheiten auch Zeugnisse des Mittelalters und vor allem des 19. und 20. Jahrhunderts mit ihren hellen und dunklen Seiten zu entdecken sind. Ein besonderes Augenmerk liegt hier auf der Zeit um 1900, auf den 1920er Jahren, der NS-Zeit, die oft in der einschlägigen Reiseliteratur stiefmütterlich behandelt wird, der DDR-Zeit, den einschneidenden Jahren nach 1989 und natürlich auf der Gegenwart.

Ein besonderer Reiz geht von denjenigen Seen aus, die zusätzlich durch Gedichte, Prosa und Gemälde künstlerisch gefasst wurden und werden. Diese Seen-Sammlung hat zwar keinesfalls den Anspruch, ein literarischer oder künstlerischer Reiseführer sein zu wollen. Aber Literatur und Kunst tragen maßgeblich dazu bei, den Blick auf manch einen See zu vertiefen, zu verdichten, ja, ihn origineller und poetischer werden zu lassen. Eine prominente Stimme ist dabei natürlich Theodor Fontane, der ein derart außergewöhnliches Gefühl für die charakteristische Atmosphäre, für die Schönheit, ja, für die Poesie der Seen besaß, dass seine Beschreibungen immer wieder wie frisch und neu wirken. Mit geschärften Sinnen sieht er in manchem kleinen See das »Auge der Landschaft«, möchte er manchem stillen Gewässer »die Zunge lösen« oder vernimmt mittags an einem »glatt[en] und sonnenbeschienen[en]« See nicht nur dessen Rufe aus der Tiefe, sondern auch die »Rätselmusik der Einsamkeit«, bis der »schrille Ton der Säge den Mittagszauber zerreißt«.

Aber die Seen inspirierten nicht nur Fontane zu poetischen Annäherungen, sondern auch Schriftsteller wie Stendhal und Gottfried Keller, Gerhart Hauptmann und Wilhelm Bölsche, Kurt Tucholsky und Albert Einstein, Ehm Welk und Bertolt Brecht, Walter von Molo, Fritz von Unruh, Wolf Jobst Siedler und Günther de Bruyn sowie Inge Müller, Helga M. Novak und Helga Schütz. Aktuelle Stimmen zu den Seen stammen von Uwe Rada, Moritz von Uslar, Sarah Kuttner und Manja Präkels sowie von Martin Keune, Thomas Harding und Tim Pieper mit seinen abgründigen Havel-Krimis, in denen landschaftliche und historische Highlights wie der Sacrower See, der Groß Glienicker See mit seiner modernen Uferbebauung, Goebbels Waldhof am Bogensee, der Döllnsee mit Görings Landsitz Carinhall, die Villen der UFA-Stars am Kleinen Wannsee, der Sternenpark über dem westhavelländischen Gülper See und Einsteins Sommerhaus am Templiner See eine Rolle spielen.

Doch noch einmal zurück zu Fontane, dem es durch seine *Wanderungen*, Romane und Gedichte gelang, Brandenburg vom Stigma der öden, dürren, monotonen Streusandbüchse zu befreien. Denn zuvor, so beschreibt es Günther de Bruyn, wurde jeglicher Versuch, in diesem Landstrich Schönheiten zu entdecken, der Lächerlichkeit preisgegeben: »Als der dichtende Pastor Schmidt von Werneuchen nicht wie üblich den Rhein oder Italien, sondern die Mark zum poetischen Gegenstand machte, reagierte die Kritik böse bis spöttisch, und Goethe wurde durch diese Sandpoesie zu einem parodistischen Gedicht veranlaßt, in dem unter anderem behauptet wurde: in der Mark keime schon alles in getrocknetem Zustand auf.« Selbst Heinrich von Kleist spottete, dass wohl der Schöpfer seiner monotonen Heimat »während der Arbeit an ihr eingeschlummert« sein müsse. Immerhin hatte Jean Paul bereits einen Blick für die erquickenden Seen, als er, der die Umgebung von Berlin mit der Sahara verglich, schwärmerisch ausrief: »Welche Oasen darin!« Aber es mussten erst Willibald Alexis und vor allem Fontane kommen, die das rötliche Licht auf Kiefernstämmen, die Atmosphäre einsamer Luchlandschaften und den leicht gewellten Wasserspiegel der Seen, über die die Wolken ziehen, in Literatur verwandelten.

Seeadler mit erbeutetem Fisch

Brandenburg hat es seinem poetischen Chronisten Fontane auch redlich gedankt. So sind entlang vieler Seen und auch anderswo nicht nur Fontane-Wege, -Denkmäler, -Blicke, -Höhen und -Gaststätten zu finden, sondern auch Verkehrsschilder an Landstraßen und gar Autobahnen, die – und zwar nur wegen Fontanes Literatur – zum Stechlinsee und nach Ribbeck weisen.

Und so, wie Willibald Alexis und Theodor Fontane mit ihrer Literatur die märkische, von Seen aufgelockerte Kargheit als stimmungsvolle Elementarlandschaft entdeckten, konnte der schon zu Lebzeiten äußerst beliebte Maler Walter Leistikow in unvergleichlicher Weise die melancholische Stimmung der Kiefern und Seen Brandenburgs einfangen. An seinem Grab sprach nicht nur Max Liebermann, sondern auch Leistikows Freund Gerhart Hauptmann: »Wenn es erlaubt ist, im Gleichnis zu reden, so möchte ich sagen, daß seine Künstlerseele etwa dem ruhigen Spiegel eines märkischen Sees glich, der die ganze Melancholie unserer märkischen Heimat wiederspiegelt.« Günther de Bruyn spricht im Zusammenhang mit den Bildern Leistikows sogar von einer Mischung aus »Anmut und Monotonie in düsterer Feiertagsstimmung; da geht der Vollmond auf hinter der Havel; dunkle Wälder umrahmen den tiefgelegenen See bei Grünheide; an den Ufern der Grunewaldseen stehen schweigend die Kiefern, und das Wasser wechselt die Farbe in wechselndem Licht.« Neben Alexis, Fontane und Leistikow waren es Gerhart Hauptmann, der Friedrichshagener Dichterkreis und

Seerosenbucht am Schermützelsee

verschiedene Berliner Fotografen, die gegen Mitte/Ende des 19. Jahrhunderts die märkische Landschaft mit ihren Seen zu entdecken begannen.

Die Seen im 20. und 21. Jahrhundert

Um 1900 und danach entstanden in der unmittelbaren Nähe etlicher Seen großzügige Villenkolonien und Sommerhäuschen, ein Trend, der sich in den 1920er und 1930er Jahren ungebrochen fortsetzte, als es nicht nur ruhesuchende Berliner Bürger und Großbürger, sondern auch Schriftsteller, Künstler und Schauspieler an die brandenburgischen Seeufer zog.

In den Jahrzehnten der DDR bemühte sich die »Lenkung«, den Erholungswert der Seen dadurch zu steigern, dass nun kollektive Ferieneinrichtungen in Ufernähe geschaffen wurden, also Pionierlager für linientreue Kinder und Jugendliche, Betriebsferienheime für Werksangehörige und ihre Familien sowie diverse Bungalowsiedlungen und Zeltplätze, deren Feuerschutzeinrichtungen – ein rotes Brett mit rotem Eimer, rotem Spaten und roter Axt – das kollektive Ethos einer Feuerwehrbrigade entströmte. Glücklich konnte sich schätzen, wer über einen Wohnwagen Typ »Intercamp« oder ein Ruderboot Typ »Plaste Anker« verfügte. Auch in der DDR-Krimiserie *Polizeiruf 110* spielten Seen immer wieder eine wichtige Rolle. Hier wurden gerne idyllische Badefreuden oder Liebesnester in verschwiegenen Buchten gezeigt, die dann zum Schauplatz von

Herbstliche Landschaft in Brandenburg

ruchlosen Verbrechen werden konnten. Spielte eine Krimifolge auf einem Wassergrundstück mit Luxus-Datsche und flottem Motorboot, so war allein dieses Setting ein deutliches Zeichen für Gewissenlosigkeit, empörende Dekadenz und Wohlhabenheit kriminellen Ursprungs, was nicht einer gewissen Schizophrenie entbehrte, wurde doch ein Teil der DDR-Nomenklatura und der Stasi-Mitarbeiter gerade mit derartigen Wassergrundstücken belohnt.

Nach 1990 war es für etliche Westdeutsche eine freudige Überraschung, für manche gar ein Schock, ohne Eintritt, Absperrungen, Umkleidekabinen und Duschen ganz umsonst in den allermeisten Seen baden zu können. In der Zeit der größtmöglichen Freiheit, als es keine Pioniere mehr und noch keine Investoren gab, konnte man an den Badestellen aufgegebener Pionierlager einfach so, ohne Zaun, ins Wasser gleiten und immer wieder vom einsamen Sprungturm springen.

Und auch heute kann man sich weiterhin vom Wasser vieler Seen warm und seidig umhüllen lassen und sich vorkommen wie ein Seestern, der langsam über den gewellten Seeboden treibt. Man kann in abgelegenen Waldseen die durchscheinenden Flossen der rötlichen, gestreiften oder bräunlichen Fische im klaren Wasser sehen. Man kann sich am Ufer vom Sommer durchglühen lassen und die Abkühlung durch das Wasser stundenlang perlend und prickelnd auf der Haut spüren. Man kann mit einem Ruderboot unter einem grauen Himmel über das ebenso graue Wasser fahren, Luftblasen rechts und links, wenn die Ruder leicht strudelnd ins Wasser tauchen, und schließlich die Regentropfen beobachten, die ein unablässig bewegtes Muster ineinanderfließender Ringe auf der Wasseroberfläche bilden wie ein graues Kaleidoskop. Und man kann in einer warmen Sommernacht den Silberwellen des Vollmonds entgegenschwimmen.

Auch für den Schriftsteller und Journalisten Uwe Rada birgt das Baden in brandenburgischen Seen glückhafte Momente: »Es war ein Zoom in eine fast vergessene Zeit. Unter ein paar Kiefern lief ich Richtung See. Alle Sinne waren plötzlich wach. Barfuß ging ich, spürte zwischen den Zehen den sandigen Boden und die Kiefernnadeln, musste achtgeben, den Kienäppeln ausweichen. Ich atmete tief ein und wieder aus, spürte wie die Haut an meinen Unterarmen kribbelte, und dann war er wieder da, der Zauber aus jener Zeit gleich nach der Wende, als ich anfing, Brandenburg zu entdecken. Ich setzte mich auf eine langgestreckte Bank, die mit irgendeinem billigen Holzimitat bezogen war, und schaute auf den See. Am gegenüberliegenden Ufer zeigte das Schilf über dem Wasser einen bräunlichen Streifen. Es hatte lange nicht geregnet. In der Luft staute sich der heiße Sommer, die Sonne brannte auf die nackten Füße. Schnell zog ich meine Badehose an und sprang ins Wasser, tauchte unter, tauchte ein in dieses Gefühl, das noch älter sein musste als meine erste Zeit in Brandenburg, es fühlte sich leicht an, unbeschwert, fast wie Glück. Kinderglück.«

Günther de Bruyn allerdings gibt zu bedenken, dass die Schönheit der Seen, diese »Schmuckstücke der Mark«, durch »Eigenheimbauer, Wochenendsiedler, Zeltbewohner und Motorbootfahrer«, durch »Villensiedlungen, Kleingartenanlagen und Hotels« sowie durch Campingplätze mit ihren betonierten Zufahrten in Mitleidenschaft gezogen wird, ja, dass die Seen »durch Vernichtung der Schilfgürtel und durch Abwässer kaputt« gemacht werden.

Vor allem aber leiden die Seen durch die traditionelle Trockenheit Brandenburgs. Denn die Mark ist zwar ein enorm wasserreiches, aber immer schon auch ein äußerst regenarmes Gebiet, in dem der Niederschlag weit unter dem Durchschnitt in Deutschland liegt und daher oft Wassermangel herrscht. Verschärft wird dieses Problem heute durch die Klimaveränderung: Sehr heiße Sommer mit geringem Niederschlag und wenig Schnee und Regen im Winter führen zu einem niedrigen Grundwasserspiegel, sodass viele Seen dramatisch abzusinken beginnen, ein Prozess, der auch von Landwirtschaft und Industrie befördert wird.

Aber es gibt auch Hoffnungsschimmer. Verschiedene Bürgerinitiativen von Anwohnern versuchen, »ihre« Seen zu retten und die Wasserqualität zu verbessern. Denn auch in Zukunft sollen die Berliner und brandenburgischen Seen mit ihren blaugrün oder fahlgelb schimmernden Schilfgürteln Anwohner, Badegäste, Wassersportler, Schlittschuhläufer, Angler und Eisangler, Wanderer und

Weit über 3000 Biber tummeln sich heute wieder in Brandenburg.

Fahrradfahrer zu jeder Jahreszeit erfreuen. Ob eine frische Brise die Spiegel der Seen kräuselt, ob sie in der glühenden Sommerhitze träge gewellt daliegen, oder ob sich im Winter unmerklich eine Eishaut über die Seen zu ziehen beginnt, in dessen weißer Puderschicht Vögel Abdrücke ihrer Füßchen hinterlassen – immer üben die Seen, in deren Oberfläche sich das helle, graue und goldene Licht aller Tages- und Jahreszeiten bricht, eine magnetische Wirkung aus.

Buchenwald Grumsin

1 Wandlitzer See und Liepnitzsee mit Waldsiedlung und Bogensee

Lange Zeit hatte der Name »Wandlitz« keinen guten Klang, wurde damit doch das abgeschottete Luxusleben der DDR-Nomenklatura in der Waldsiedlung assoziiert. Dabei gehört diese Siedlung zum Stadtgebiet von Bernau und nicht zu Wandlitz und ist eher mit dem Liepnitzsee als mit dem Wandlitzer See verbunden.

Der Wandlitzer See, dieser glaziale Quellsee des Flüsschens Briese, ist einer jener gut erschlossenen, umbauten brandenburgischen Seen, die einen hohen touristischen Wert für Wassersportler, Segelfreunde, Angler und Badegäste besitzen. Vom neusachlichen Bahnhof Wandlitzsee, erbaut 1928, gelangt man über eine großzügige Treppenanlage direkt zum Ufer des Sees, zur Promenade und zum Strandbad mit Steg und Sprungturm. Einen vollständigen Rundweg um den See gibt es nicht, da ein großer Teil des Ufers mit Eigenheimen bebaut ist. Dass schon in grauer Vorzeit ein Gang um den See mit Hindernissen verbunden war, schildert die Sage von einem Riesen, der, als er am Ufer des Wandlitzer Sees spazierenging, mit dem Fuß an einen großen Stein stieß. Erzürnt schleuderte er daraufhin den Stein mit derartiger Kraft über den ganzen See, dass auch heute noch auf einer kleinen Anhöhe zwischen Wandlitz und Stolzenhagen »ein gewaltiger Granitblock von ziemlich viereckiger Gestalt« zu sehen sein soll, der »fünf flache Eindrücke wie von einer großen Hand zeigt«.

WANDLITZER SEE, LIEPNITZSEE UND BOGENSEE

GRÖSSE: Wandlitzer See: 215 Hektar; Liepnitzsee: 117 Hektar; Bogensee: 9,2 Hektar
ZUGANG: Wandlitzer See: über den Bahnhof Wandlitzsee; Liepnitzsee: über Ützdorf; Bogensee: von der gleichnamigen Siedlung Bogensee
BADEN: Wandlitzer See: Strandbad Wandlitz (Imbiss, WC, Spielplatz); Liepnitzsee: Waldbad Liepnitzsee (Imbiss, WC, Beachvolleyball- und Spielplatz) und viele Naturbadestellen
BOOTE: Wandlitzer See: Surfcenter Wandlitz; Liepnitzsee: Bootsverleih am Waldbad
ÖPNV: Wandlitzer See: ab Bernau mit dem Bus, ab Berlin-Karow mit dem RE (Haltestelle: »Wandlitzsee«); Liepnitzsee: ab Bernau mit dem Bus (Haltestelle: Waldsiedlung) oder bis Bahnhof Wandlitz; der Fußweg zum Waldbad dauert jeweils ca. 30 Minuten
IN DER NÄHE: Barnim Panorama – Naturparkzentrum und Agrarmuseum Wandlitz, Landhaus und ehemalige FDJ-Hochschule Bogensee
TIPP: Ein Rundweg (z. B. ab Ützdorf, ca. 9,5 km) führt um den Liepnitzsee; eine Abkürzung mit der Fähre ist möglich

Eine der zahlreichen Naturbadestellen am Liepnitzsee

Der Fischreichtum des 24 Meter tiefen Sees und vor allem sein ungewöhnliches Maränenvorkommen regte zu einer weiteren Sage an. Wie nämlich die Maränen in den Wandlitzer See kamen, wird durch einen Mönch erklärt, der um dieser Delikatesse willen dem Teufel seine Seele vermachte, sich dann aber durch eine List von diesem Pakt befreite, woraufhin der Teufel »vor Wut die Maränen in den Wandlitzsee fallen« ließ.

Wenige Kilometer weiter östlich liegt die eiszeitliche Rinne des Liepnitzsees, einer der saubersten und beliebtesten Seen in Brandenburg mit herrlich grünlich-klarem Wasser, in dem man bis zu fünf Meter tief sehen kann. Die beiden Seen sind nicht nur *nicht* miteinander verbunden – zwischen ihnen besteht sogar eine Wasserscheide. Der Wandlitzer See entwässert über Briese, Havel und Elbe in die Nordsee, der Liepnitzsee über diverse Fließe, den Finowkanal und die Oder in die Ostsee. Um die vielfältige Wasserfauna im 17 Meter tiefen Liepnitzsee zu bewahren, sind Motorboote hier untersagt. Über die hügeligen eiszeitlichen Endmoränen des Ufers führt ein acht Kilometer langer, asphaltierter Radrundweg, ein Wanderweg direkt am Saum des Sees ist wegen einer renaturierten Uferpartie als Rundweg unvollständig.

Die mit einer kleinen Fähre zu erreichende Insel Großer Werder, die der Stadt Berlin gehört, dient seit über 100 Jahren als Zeltplatz, mittlerweile für Dauercamper. Am nördlichen Ufer des Liepnitzsees befindet sich ein Waldbad

Bahnhof Wandlitzsee, Goebbels' Landsitz am Bogensee, Liepnitzsee

mit reetgedecktem Badehaus, Bademeistern und Bootsverleih, das erst seit 1992 öffentlich zugänglich ist. Zuvor war es den Bewohnern der nahen Waldsiedlung und deren Kindern vorbehalten, hier badete also das DDR-Politbüro familiär-privat. Die auf keiner Landkarte der DDR eingezeichnete Waldsiedlung, die ihr Trinkwasser aus dem Liepnitzsee bezog, entstand 1958 für die Mitglieder des Zentralkomitees der SED, für die das Wohnen hier verpflichtend war. Die mit Betonmauern, Zäunen und Wachtürmen streng gesicherte Siedlung bestand aus 21 Einfamilienhäusern, Schwimmbad, Poliklinik, Sauna, Kino, Restaurant, Schießstand, Tennisplatz und einem »Ladenkombinat«, in dem hochwertige Lebensmittel und Konsumgüter auch aus dem Westen erworben werden konnten. Die Waldsiedlung besaß sogar eine eigene Müllabfuhr und -deponie, damit die normale Bevölkerung nicht etwa aus den Abfällen Rückschlüsse auf den hohen Lebensstandard ziehen konnte – eine »Wasserscheide« auch hier zwischen kaserniertem Luxus einer elitären Politikerkaste und dem volkseigenen eigenen Volk. Heute sind in dem denkmalgeschützten Areal vor allem verschiedene Kliniken und Reha-Einrichtungen untergebracht.

Linientreu ging es auch in der nördlich des Liepnitzsees gelegenen Jugendhochschule der FDJ am Bogensee zu. 1951 errichtete der Architekt der Berliner Stalinallee, Hermann Henselmann, nahe dem kleinen eiszeitlichen Angelsee, der zum Baden nicht geeignet ist und dem Land Berlin gehört, eine großdi-

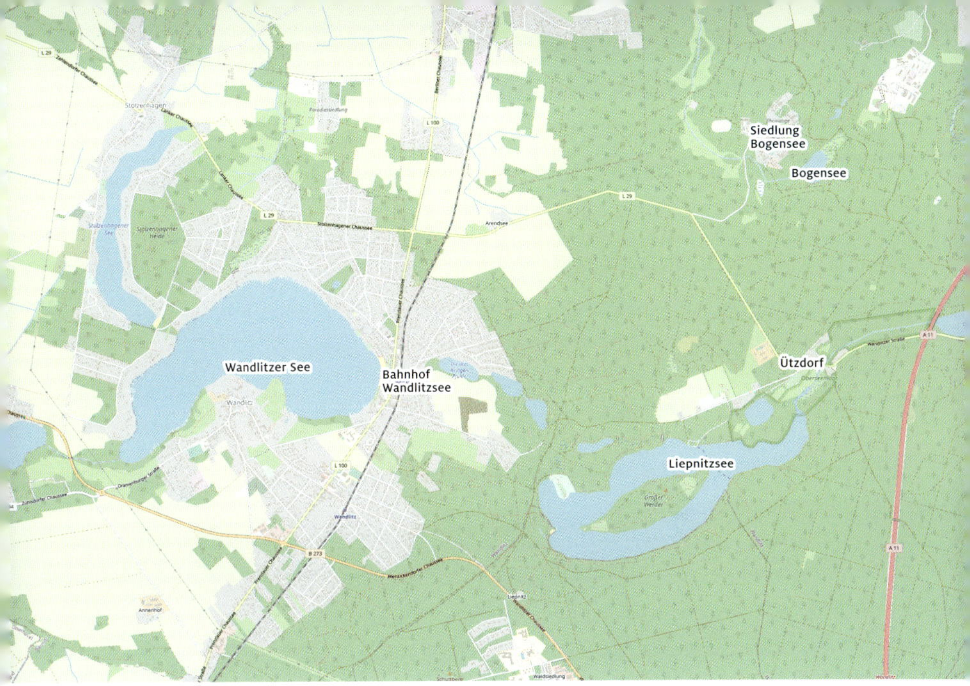

mensionierte Hochschul- und Wohnanlage mit Gebäuden im klassizistischen Monumentalstil des Sozialismus. Da hier auch etliche ausländische Gäste zum Studium zugelassen wurden, gab es nicht nur eine Übersetzungsanlage mit 18 Fremdsprachenkabinen, auch die verschiedenen Häuser trugen und tragen bis heute Namen wie »Budapest«, »Wien« oder »Reggio di Calabria«.

Aber Bogensee hat eine Vorgeschichte. Reichspropagandaminister Joseph Goebbels ließ hier, nachdem ihm sein Blockhaus am Bogensee zu klein geworden war, 1939 ein repräsentatives Landhaus bauen, das mit neuzeitlichem Luxus wie Klimaanlage und Kino ausgestattet war und nicht nur prominenten Künstlern wie Zarah Leander und Heinz Rühmann offenstand, sondern dem »Bock von Babelsberg« vor allem als Liebesnest diente. Nach 1945 dann, als die Jugendhochschule der FDJ entstand und man sich für Deutschland eine klarere »Wasserscheide« zur NS-Zeit gewünscht hätte, wurden in Goebbels ehemaligem Landhaus ein Kindergarten, ein Konsum und ein Friseur untergebracht. Seit 1990 muss das Land Berlin eine Nutzung des denkmalgeschützten Terrains durch rechtsextreme Gruppen und Reichsbürger immer wieder verhindern. Man kann nur hoffen, dass es dem Lost Place Bogensee noch möglichst lange vergönnt sein wird, einer unbestimmten Zukunft entgegenzudämmern.

2 Zehdenicker Tonstichlandschaft

Die ungewöhnliche Seenlandschaft nördlich von Zehdenick ist künstlichen, ja industriellen Ursprungs. Da hier Ende des 19. Jahrhunderts große Tonvorkommen entdeckt wurden, siedelten sich bald etliche Ziegeleien an, die mithilfe saisonaler Wanderarbeiter aus Schlesien und der Provinz Grenzmark Posen-Westpreußen den Ton in sogenannten Stichen abbauten und ihn in Ringöfen zu Ziegeln brannten. Da sich die Ziegeleien in der Nähe der Havel befanden, konnten die Ziegel auf Lastkähnen zügig in die um 1900 boomende Reichshauptstadt transportiert werden, was im Spruch »Berlin ist aus dem Kahn jebaut« festgehalten ist. In dieser Zeit gingen jährlich mehr als 600 Millionen Ziegelsteine in die explodierende Metropole.

Während der Weltwirtschaftskrise 1929/30 mussten einige Ziegeleien geschlossen werden, in den Jahren nach 1945, als Berlin wieder aufgebaut wurde, erlebte die Ziegelherstellung eine neue, jetzt volkseigene Blütezeit. Erst 1991 wurde die Produktion eingestellt.

Mit etwa 30 Ziegeleien, 57 Ringöfen und über 50 Tonstichen und Teichen war über etwa 100 Jahre bei Zehdenick eins der größten zusammenhängenden Ziegeleigebiete Europas entstanden, das nun in ein Museumsgelände, den »Ziegeleipark Mildenberg«, umgewandelt wurde. Er gehört zur »Europäischen Route der Industriekultur« und stellt eine bedeutende Station der »Deutschen Tonstraße« dar. Längst wurden die »ausgetonten« Tonstiche geflutet und gelten als ausgezeichnete Angel- und Badegewässer. Im renaturierten Seengebiet siedelte sich eine reiche Flora und Fauna an, darunter Biber, Fischotter, Rohrdommeln, Rotbauchunken, Teichrohrsänger und Seeadler.

ZEHDENICKER TONSTICHLANDSCHAFT

GRÖSSE: Zehdenick-Mildenberger Tonstiche: 1500 Hektar, darunter zahlreiche Seen

ZUGANG: Über Zehdenick oder den Ziegeleipark Mildenberg

BADEN: Entlang der Tonstiche gibt es zahlreiche Naturbadestellen

BOOTE: Am Ziegeleipark Mildenberg können Hausboote ausgeliehen werden

ÖPNV: Ab Oranienburg mit dem RE nach Zehdenick, dann Bus (Haltestelle: »Mildenberg, Ziegeleipark«)

IN DER NÄHE: Ziegeleipark Mildenberg mit Tonlorenbahn, in Zehdenick Galerie in der Klosterscheune, Ruine des Zisterzienserinnenklosters

TIPP: Ziegeleipfad (16 km)

Hafen im Ziegeleipark Mildenberg

Der direkt am Radweg Berlin–Kopenhagen gelegene Ziegeleipark Mildenberg erklärt in einer sehenswerten Ausstellung die Ziegelherstellung und lässt dabei auch das Leben der Wanderarbeiterfamilien nicht außer Acht, die hier, oft mit ihren Kindern, unter härtesten Bedingungen (Sechs-Tage-Woche, Elf-Stunden-Tag) ihr karges Brot verdienten. Gezeigt wird auch ein spannender Protestziegel vom 17. Juni 1953, in den ein Arbeiter den mutigen Wunsch »Pieck + Grotewohl kommen in en Sarg« einritzte. Etlichen Aufsässigen wurde ihr Protest übrigens zum Verhängnis. So entstand 1953 im Ziegeleipark ein spezielles Lager für verurteilte Rebellen des 17. Juni, die hier Zwangsarbeit leisten mussten.

Im Museumspark können Besucher heute nicht nur selbst Tonziegel herstellen und sie dann brennen lassen, sondern auch mit verschiedenen Feldbahnen das weiträumige Gelände erkunden und mit einer Tonlorenbahn eine Fahrt durch die Tonstichlandschaft unternehmen. Diese ist auch für Wanderer und Radfahrer durch den 16 Kilometer langen Ziegeleipfad gut erschlossen.

Es ist zu jeder Jahreszeit herrlich, durch diese Wasserlandschaft zu wandern, gleichgültig, ob an warmen Sommertagen, an denen man sich in den nahe beieinander liegenden Tonstichen abkühlen kann, oder an Wintertagen, an denen sich verschneite Wege, mit Raureif überzogene Bäume und zugefrorene Seen zu großartigen Winterbildern zusammenfügen. Aus einer Industrielandschaft ist mittlerweile eine einzigartige Seen- und Flusslandschaft

Boote bei Zehdenick, Ziegeleipark Mildenberg, Ruine des Zisterzienserinnenklosters in Zehdenick

geworden, in der mancherorts die Grenzen zwischen Wasser und Land zu verschwimmen scheinen.

Am südlichen Ende des Tonstichgebiets liegt das Städtchen Zehdenick, das von einer Doppelzug-Klappbrücke, zwei nach oben gewölbten sogenannten Kamelbrücken und einer historischen Schleuse geprägt ist, fließt doch die Havel mitten durch den Ort. Die Geschichte der einstmals durch die Ziegeleien bedeutenden hiesigen Binnenschifffahrt, die bis Hamburg, Danzig, Königsberg, Memel, Warschau, Krakau und Prag reichte, wurde bis vor einigen Jahren im Museumsschiff »Carola«, einem originalen Havelfrachtkahn, der nun auf seine Grundsanierung wartet, im Zentrum der Stadt ausgestellt.

Neben dem Marktplatz mit klassizistischem Rathaus und dem Schloss sind die Ruinen und Gebäude des ehemaligen Zisterzienserinnenklosters sehenswert. Das Motiv für die Klostergründung im Jahr 1250 bewegt sich im Bereich der Legende und soll auf den Hostienfrevel einer ebenso gierigen wie reumütigen Schankwirtin und auf ein darauffolgendes Hostien-Blutwunder zurückgehen. Bald stieg Zehdenick zu einem beliebten Wallfahrtsort auf, der Pilgerströme anzog. Das Kloster, das nach der Säkularisierung 1541 in ein Damenstift umgewandelt und kurz darauf im Dreißigjährigen Krieg zerstört wurde, war zuvor mit seinen zwölf Nonnen äußerst wohlhabend und besaß 16 Dörfer und fünf Seen, darunter den Huwenowsee.

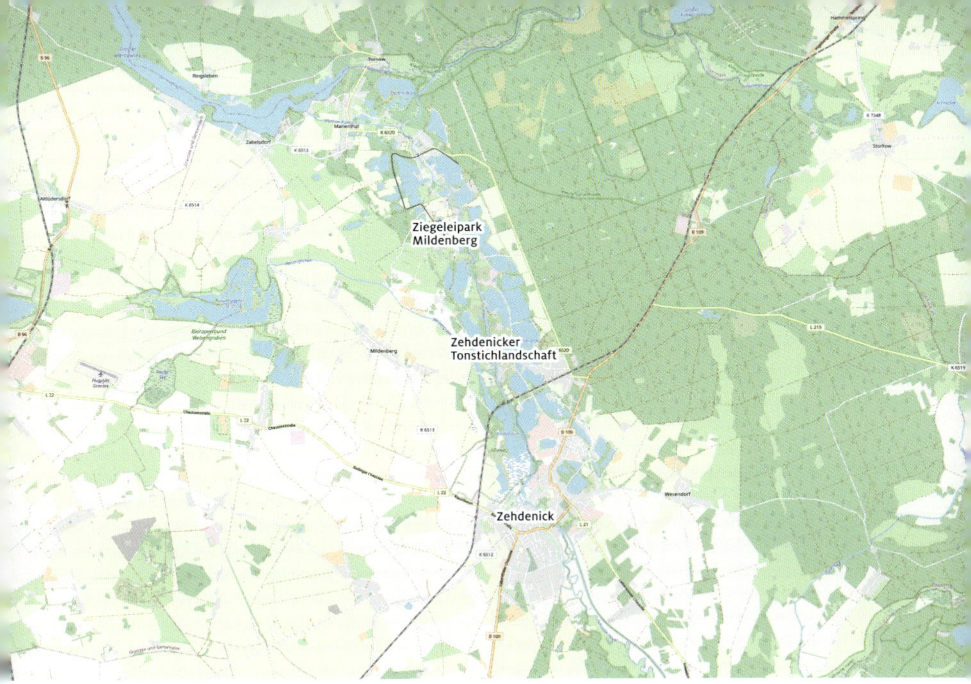

Die »Galerie in der Klosterscheune« mit ihren Ausstellungen, Konzerten, Lesungen und Filmabenden ist heute ein kulturelles Zentrum über die Grenzen der Stadt hinaus. Gezeigt wurde hier unter anderem der Zehdenick-Film *Abgestempelt – Eine Clique gegen den Rest der Stadt* von 1999, der nicht nur Moritz von Uslar zu seinem hier spielenden Roman *Deutschboden*, sondern auch die in Zehdenick geborene Autorin Manja Präkels zu ihrem preisgekrönten Roman *Als ich mit Hitler Schnapskirschen aß* anregte. Während bei Präkels die unheilvollen Gefahren der Nachwendezeit durch Rechtsextreme im Zentrum stehen, die zum Zeitvertreib »Menschen von der alten Zugbrücke in die Havel (...) werfen«, begibt sich Uslar in die »verlassene Industrielandschaft« der Tonstiche und erfährt von Einheimischen, dass der Ort »so oder so der geilste Badeort nördlich von Berlin« sei.

Übrigens wurde auch der Schriftsteller Sten Nadolny 1942 in Zehdenick geboren. Wer sich auf den Weg macht und nördlich der Stadt zwischen den Tonstichen zu wandern beginnt, wird auf ganz natürliche Weise die Langsamkeit entdecken, die entschleunigte Landschaft zwischen Seen, Schilf, Büschen, Dämmen und Himmel, an dem die Wolken ebenso träge dahintreiben wie über die glatten Wasserspiegel der Tonstiche.

3 Haussee, Moderfitzsee, Sidowsee, Stolpsee: vier Seen um Himmelpfort

Die Lage des kleinen Ortes Himmelpfort auf einer Art Halbinsel zwischen vier Seen passt zu seinem vielversprechenden Namen: Schon seit der Klostergründung 1299 Coeli porta, also Pforte zum Himmel, genannt, wirkt der von Wasser, ja von einer geradezu amphibischen Landschaft eingerahmte Ort beinahe wie schwebend zwischen Himmel, Wasser und Erde. Kein Wunder also, dass die hiesige Sage, erzählt von Ingeborg Drewitz, auf einer Brücke zwischen zwei der Seen spielt: »Unweit der mecklenburgischen Grenze liegen dicht bei Himmelpfort zwei kleine Seen, der Sidow und der Meseritz oder Moderwitz genannt, die nur durch eine Strohbrücke voneinander getrennt sind. Diesen Namen soll sie daher erhalten haben, daß ein Mönch, der einst ein Frauenzimmer in ein großes Bund Stroh eingewickelt hatte und auf seinem Rücken ins Kloster tragen wollte, gerade an diesem Ort seinem Abt begegnete; da er aber seine Bürde nicht sorgfältig genug verhüllt hatte, so entdeckte jener an den hervorragenden Füßen das Weib. Was weiter aus ihm geworden, erzählt die Sage nicht.« Eine andere Fassung dieser Sage, die heute neben der Holzskulptur eben jenes frauenraubenden, unzölibatären Mönches auf der Brücke zwischen den beiden Seen zu lesen ist, besagt, dass der Mönch zur Strafe ins »Fegefeuer« geschickt wurde, nämlich in einen Einödhof hinter Lychen.

Um drei der Himmelpforter Seen, um den Sidow-, den Moderfitz- und den Haussee, führen angenehme Rundwege von wenigen Kilometern Länge. Das Wasser des nur einen Kilometer langen Sidowsees fließt in den etwas größeren Moderfitzsee ab, dessen Wasser wiederum mit dem Haussee verbunden ist, welcher von der Woblitz, dem linken Nebenfluss der Havel, durchflossen wird,

SEEN UM HIMMELPFORT

GRÖSSE: Haussee: 50 Hektar; Moderfitzsee: 56 Hektar; Sidowsee: 35 Hektar; Stolpsee: 371 Hektar
BADEN: Mehrere Naturbadestellen an allen Seen
ÖPNV: Ab Oranienburg mit dem RE bis Fürstenberg (Havel), dann mit dem Bus bis Himmelpfort
IN DER NÄHE: Fahrraddraisinenstrecke, Weihnachtspostamt, Ruine des Himmelpforter Klosters, Salzmann Bibliothek in der Mühle Himmelpfort
TIPP: Um den Haus-, Moderfitz- und Stolpesee führen Rundwege; die Seenlandschaft liegt am Brandenburgischen Klosterweg und am Seen-Kultur-Radweg, auch zu der östlich gelegenen Lychener Seenlandschaft

Badestelle Moderfitzsee, Mühle und Weihnachtspostamt Himmelpfort

die schließlich in den Stolpsee mündet. Am Moderfitzsee, am Haussee wie auch am Stolpsee, die, wie man es in einem Teil des Naturparks Uckermärkische Seen nicht anders erwarten würde, eine gute Wasserqualität aufweisen, finden sich einige Naturbadestellen mit kleinen Sandstränden. Von der Badestelle im Moderfitzsee lässt es sich sogar zu der Liebesinsel in der Mitte des Sees schwimmen.

Sowohl der Haussee als auch der sehr viel größere, fast ganz von Schilf umgebene Stolpsee, der, von der Havel durchflossen, Teil der Oberen Havel-Wasserstraße ist, wird von Motorbooten Richtung Fürstenberg und Richtung Lychen befahren. Ganz still sind die Himmelpforter Seen also nicht, zumal etliche Ferienbungalow-Siedlungen in den ufernahen Wäldern versteckt sind. Aber es ist tatsächlich ein sanfter Tourismus, der in diesem leicht enthobenen Ort herrscht, und an den Ufern der Seen lassen sich immer wieder ruhige Fleckchen finden.

Himmelpfort mit seinem Seenkranz scheint eine perfekte Idylle zu sein für Angler, Radfahrer – der Radweg Berlin–Kopenhagen, der Seen-Kultur-Radweg und die nahe Fahrraddraisinenstrecke Fürstenberg–Templin führen hier vorbei – , für Wanderer, Wassersportler, Badelustige und Kulturbeflissene, die auf dem Brandenburgischen Klosterweg auch die Reste des Himmelpforter Klosters, also Kirche und Brauhaus aus dem 14. Jahrhundert, besichtigen können. Auch das hiesige Weihnachtspostamt, das seit 1984 existiert und mit mittlerweile

Klosterruine Himmelpfort am Haussee, Verbindungsstelle zwischen Haus- und Moderfitzsee

über 300 000 Zuschriften jährlich das beliebteste der sieben Weihnachtspostämter in Deutschland ist, trägt unbedingt zum idyllischen Eindruck bei.

Das nur wenige Kilometer westlich gelegene Konzentrationslager Ravensbrück warf seine dunklen Schatten auch bis nach Himmelpfort. Hier, wo während der NS-Zeit lettische SS-Verbände stationiert waren, mussten polnische Häftlingsfrauen ab 1943 in einer als kriegswichtig eingestuften Pantoffelfabrik Zwangsarbeit leisten. Hartnäckig hält sich bis heute das Gerücht, dass kurz vor Kriegsende 1945 auf Befehl einer SS-Einheit KZ-Häftlinge aus Ravensbrück, die danach erschossen worden sein sollen, mehrere Hundert Kilo schwere Kisten im Stolpsee versenken mussten, die angeblich mit dem von Hermann Göring geraubten Gold und Platin gefüllt waren. Obwohl eine erste großangelegte Suchaktion 1981 erfolglos blieb, zieht der bis zu 13 Meter tiefe Stolpsee immer wieder Schatzjäger und Sucher nach NS-Dokumenten an – bislang vergeblich.

Verbunden ist Himmelpfort auch mit zwei spannenden Namen. Zwischen 1949 und 1952 besuchte der spätere Schriftsteller Ulrich Plenzdorf, Autor der *Neuen Leiden des jungen W.* und Drehbuchautor des DDR-Filmklassikers *Die Legende von Paul und Paula*, die hiesige Internatsschule, auch Ost-Scharfenberg genannt, eine Abspaltung der reformpädagogischen Schulfarm Scharfenberg auf der gleichnamigen Insel im Tegeler See. Und seit 2015 ist Himmelpfort mit dem Büchersammler Georg P. Salzmann verbunden, dessen »Bibliothek der

verbrannten Bücher« etwa 16.000 Titel von Autoren und Autorinnen enthält, die während der NS-Zeit verboten und verfemt waren, darunter Original- und Erstausgaben von Stefan Zweig, Joseph Roth, Heinrich Mann und Erich Kästner. Befindet sich der größere Teil der Sammlung heute in der Universitätsbibliothek Augsburg, so sind etwa 5000 Bücher in der Bibliothek der ehemaligen Mühle in Himmelpfort untergebracht. Es ist herrlich, von den oberen Stockwerken des hohen Mühlenhauses, dessen Eingang von zwei überdimensionalen Elefantenköpfen bewacht wird, seine Blicke über den Ort und die Seenlandschaft schweifen zu lassen, in alle Richtungen, über Helles und Dunkles, Leichtes und Schweres, grenzenlos zwischen Erde, Wasser und Himmel.

4 Ober- und Unteruckersee bei Prenzlau

Eingebettet in eine hügelige Endmoränenlandschaft mit vielen Findlingen breiten sich südlich von Prenzlau zwei große Seen aus. Verbunden sind der sieben Kilometer lange Unteruckersee und der fünf Kilometer lange Oberuckersee durch das kanalisierte, aber nicht schiffbare Flüsschen Ucker, das der ganzen Region ihren Namen gegeben hat. Und nicht nur dieser. Auch die Ukranen, ein slawischer Stamm, der um 1100 um die beiden Seen herum siedelte, sind nach diesem Gewässer benannt. Auf der Burgwallinsel im Oberuckersee entstand eine slawische Burg. Zu welch erstaunlicher Ingenieurskunst die Ukranen in der Lage waren, konnten Unterwasserarchäologen an den Resten zweier Holzbrücken ausmachen, die im Wasser verborgen sind. War die Brücke von der Insel nach Fergitz am westlichen Seeufer 400 Meter lang, so betrug die Länge der Brücke zum nördlich gelegenen Seehausen über zwei Kilometer und gilt damit als eine der herausragendsten bautechnischen Leistungen der Slawen westlich der Oder. Wie faszinierend diese altslawischen Baumethoden bis heute sein können, zeigt sich im »Slawenboot Ukrasvan«, das von zwölf Prenzlauer Jugendlichen nach archäologischen Funden so originalgetreu wie möglich nachgebaut wurde. Mit diesem seetüchtigen Holzboot können 25 Personen von Prenzlau über den Unteruckersee rudern.

Aber zurück zur Unterwasserarchäologie im Oberuckersee. Das im 13. Jahrhundert auf der Halbinsel bei Seehausen gegründete Zisterzienserinnenkloster Marienwerder wurde im 19. Jahrhundert dem Erdboden gleichgemacht. Aber bei Grabungen und Taucheinsätzen in den Tiefen des Oberuckersees fand man etwa 20.000 Gegenstände, so unzählige Messer, Keramikgeschirr, Spielsteine, Heili-

OBER- UND UNTERUCKERSEE

GRÖSSE: Oberuckersee: 685 Hektar; Unteruckersee: 1030 Hektar
BADEN: Oberuckersee: Badestelle Warnitz; Unteruckersee: Seebad Prenzlau (Imbiss, WC, Spielplatz), mehrere Naturbadestellen an beiden Seen
BOOTE: Bootsverleih in Warnitz; zwischen dem Bootsanleger Warnitz und Prenzlau fahren Ausflugsschiffe über die Uckerseen
ÖPNV: Oberuckersee: ab Berlin mit dem RE bis Warnitz (Uckermark); Unteruckersee: ab Berlin mit dem RE bis Prenzlau
IN DER NÄHE: Aussichtsturm Fergitz am Oberuckersee, Dominikanerkloster Prenzlau
TIPP: Wanderweg Wallpfad (70 km) entlang zahlreicher historischer Sehenswürdigkeiten; Uckermark-Festival für zeitgenössische Kunst, Literatur und Musik alljährlich in Fergitz

Blick auf Prenzlau am Unteruckersee

genfiguren und Kreuze, Ringe, Münzen, Gürtelschnallen, Schuhsohlen, Würfel, Siegel, Murmeln, Gebäckformen mit religiösen Motiven, Rosenkränze, Fingerhüte und Nadeln, die vom Alltagsleben im Kloster erzählen.

Während der Unteruckersee als Teil der Landeswasserstraße für den Motorbootbetrieb geöffnet ist, verkehren im Oberuckersee nur wenige Motorboote, da sie eine Genehmigung benötigen. Der Tourismus, so bei Warnitz mit Campingplatz und Bootsverleih, hält sich in sanften Grenzen, der Radweg Berlin–Usedom und der historisch ausgerichtete Wanderweg »Wallpfad« führen an den beiden Uckerseen entlang, und es kann an einem warmen Sommerabend vorkommen, dass man beim Baden im ausgezeichneten Seewasser dem Schriftsteller Botho Strauß begegnet, der im nahen Vorwerk Grünheide ansässig ist.

Die im Laufe ihrer Geschichte mindestens zweimal stark gebeutelte Stadt Prenzlau am nördlichen Ufer des Unteruckersees öffnet ihre Innenstadt mit einer Promenade, einem Seepark und einem Strandbad zum See hin. Etliche backsteingotische Kirchengebäude, allen voran die gigantische Marienkirche, die vom Wasser und vom Lande aus weithin sichtbar ist, sowie die heute noch zur Hälfte erhaltene Stadtmauer mit einigen Türmen verweisen darauf, dass Prenzlau im Mittelalter neben Berlin, Frankfurt/Oder und Stendal zu den vier größten Städten der Mark Brandenburg gehörte, ja geradezu als Großstadt galt. Auch die Gründung des heute nicht mehr vorhandenen Magdalenenklosters im Jahr 1250

Am Unteruckersee in Röpersdorf

für Prostituierte, die, da sie nicht heiraten durften, vom Bordell ins Kloster fliehen konnten, gilt als großstädtisch. Dass Prenzlau bis zu den Verheerungen und Entvölkerungen des Dreißigjährigen Krieges eine wichtige und mächtige Stadt gewesen sein muss, ist auch im *Merian* von 1652, also vier Jahre nach Kriegsende, zu lesen: »die Hauptstatt deß Uckerlandes oder der Ucker Marck ist vor diesem Land-verderblichen Krieg eine nahmhaffte Statt gewesen«.

Ein weiteres Mal wurde Prenzlau im Zweiten Weltkrieg stark in Mitleidenschaft gezogen, 1945 waren 85 Prozent der Innenstadt zerstört. Als neue Wohnviertel entstanden etliche Plattenbauareale, viele der historisch bedeutenden Gebäude aber wurden gerettet. Kulturelles Zentrum ist das ehemalige Dominikanerkloster mit Museum, Bibliothek und Archiv. Hier sind nicht nur die bemerkenswerten Funde des Klosters Marienwerder und andere Exponate zur Stadtgeschichte ausgestellt, darunter die abgeschlagenen Schwurhände zweier Prenzlauer Bürgermeister, die 1425 des Meineids überführt worden waren. Es wird auch an zwei in Prenzlau geborene Größen der Stadt erinnert: zum einen an den Landschaftsmaler Jakob Philipp Hackert (1737–1807), der so bedeutend war, dass Goethe eine Biografie über ihn verfasste und dessen Rügen-, Normandie- und Italienansichten hier zu sehen sind. Zum anderen die spätere preußische Königin Friederike Luise von Hessen-Darmstadt (1751–1805), die mit dem Neffen und Nachfolger Friedrichs des Großen, König Friedrich Wilhelm II. verehelicht

wurde. Da dieser etliche Liebschaften mit Mätressen und morganatische Ehen einging, begann die immer unglücklicher und wunderlicher werdende Friederike Luise, Schrullen und Ängste zu entwickeln und Geister und Gespenster zu sehen. Vielleicht ist ihr auch einmal der Geist der 15-jährigen Dorothee Elisabeth Tretschlaff erschienen, die 1701 als wohl letzte brandenburgische Hexe in Fergitz am Oberuckersee hingerichtet wurde.

Apropos Fergitz: Dass man in der einsamen, eiszeitlich geprägten Uckermark auch heute den Hohenzollern-Boden nicht verlässt, erfährt man am Westufer des Oberuckersees. Der Architekt und Mitbegründer des Uckermark-Festivals Ferdinand von Hohenzollern schuf, zusammen mit der Künstlerin Ilona Kálnoky, aus dem verfallenen Gut Fergitz am sanft ansteigenden Ufer des Sees mit seinen weiten Ausblicken ein geschmackvolles Bauensemble mit Gästezimmern und Seminarräumen, in dem Tradition und elegante Moderne, Feldsteine und nonchalant übereinandergestapelte Kuben aufeinandertreffen. Hier, wo einst die slawische Holzbrücke ans Ufer führte, finden heute mit Musik-, Kunst- und Literaturveranstaltungen kulturelle Brückenschläge statt, die weit über die Ufer der Uckerseen hinausreichen.

5 Wolletzsee und das Weltnaturerbe Buchenwald Grumsin

Am nördlichen Rand des UNESCO-Weltnaturerbes Buchenwald Grumsin liegt, eingebettet in eine hügelige Endmoränenlandschaft, wie ein horizontaler Riegel der fünf Kilometer lange Wolletzsee, der von der Welse, einem Nebenflüsschen der Oder, durchflossen wird. Von einem 16 Kilometer langen Rundwanderweg umgeben, der am nördlichen Ufer stellenweise in den Radweg Berlin–Usedom übergeht, lädt dieser stille, fischreiche See an mehreren Stellen zum Baden in glasklarem Wasser ein. Wer den See von den nördlich gelegenen Endmoränen aus unter sich liegen sieht, wird von einem Gefühl der Schönheit, der Grenzenlosigkeit und der Freiheit ergriffen.

Doch das war nicht immer so. Bis 1989 nämlich war das Dorf Wolletz, heute Ortsteil von Angermünde, am nördlichen Ufer des Sees eine Art »verbotene Stadt« *en miniature*. In dem repräsentativen, schlossartigen Gebäude in Ufernähe, in dem heute eine kardiologische Reha-Klinik untergebracht ist, befand sich bis zur Wende ein Jagdschloss, das ab 1953 im Besitz des Ministeriums für Staatssicherheit der DDR war. An der Stelle eines privaten Jagdanwesens aus dem frühen 19. Jahrhundert entstand 1934 ein schlossartiger Neubau, in dem 1945 zunächst Vertriebene aus dem ehemals deutschen Osten einquartiert wurden, bis das MfS hier ein Gästehaus einrichtete. Ab 1957 nutzte Erich Mielke das Schloss quasi als sein eigenes Jagdanwesen und ließ den größten Teil des nördlichen Ufers einschließlich des sich dahinter erstreckenden Waldgebiets für die Allgemeinheit absperren. Während er das Stasi-Anwesen unter Aufwendung beträchtlicher finanzieller Mittel mit eigener Bäckerei, Garagen, Tankstelle und mehreren großen Gästehäusern als Erholungsstätte für hohe MfS-Mitarbeiter weiter ausbauen ließ, wurde gleichzeitig auf sein Geheiß der Wolletzsee und

WOLLETZSEE

GRÖSSE: 330 Hektar
ZUGANG: Über Altkünkendorf, Wolletz oder Angermünde
BADEN: Strandbad Wolletzsee am östlichen Ufer (Gastronomie, WC, Spielplatz), mehrere Naturbadestellen
BOOTE: Bootsverleih am Strandbad
ÖPNV: Ab Angermünde mit dem Biber-Bus (verschiedene Haltestellen rund um den See; von April bis Oktober)
IN DER NÄHE: Altkünkendorf mit Infopunkt Weltnaturerbe Buchenwald Grumsin, Groß-Ziethen mit Besucher- und Informationszentrum Geopark, Tierpark Angermünde
TIPP: Rundweg (16 km) um den See

Wolletzsee mit kristallklarem Wasser

das Dorf Wolletz von den Karten der DDR getilgt. Im eingezäunten Waldgebiet konnte Mielke dann ungestört auf die Jagd gehen, auch wenn ihm in DDR-Flüsterwitzen in dieser Hinsicht kein großes Können nachgesagt wurde. So sollen nämlich einmal Erich Honecker, Willi Stoph und Erich Mielke zusammen einen Jagdausflug gemacht haben. Nach der Jagd zeigte Honecker stolz den Hirsch, den er geschossen hatte, und Stoph ebenso stolz sein erlegtes Reh. Nur Mielke fehlte. Nach stundenlangem Suchen hörten sie endlich ein Stöhnen. Da sahen sie Mielke auf einen Hasen eintreten und hörten ihn pausenlos wiederholen: »Gib endlich zu, dass du ein Wildschwein bist!«

Dass die um den Wolletzsee gelegenen Wälder traditionelles Jagdrevier waren, ist schon im *Merian* von 1652 zu lesen, »wie dann in dem nahend diesem Angermünd gelegenen Walde ein grosser Lust zum jagen seyn solle«. Auch die eiszeitlich geprägten Grumsiner Buchenwälder südlich des Wolletzsees wurden seit Hunderten von Jahren bis 1989 vor allem für die Jagd genutzt. Der völlige Verzicht auf forstwirtschaftliche Nutzung der Wälder während der DDR-Zeit und das öffentliche Betretungsverbot führten – eher unbeabsichtigt – zu einem Erhalt der uralten Rotbuchenbestände mit einer ungewöhnlich reichen Flora und Fauna, sodass das Waldareal, zusammen mit vier ähnlichen Gebieten in Hessen, Thüringen, im Müritz-Nationalpark und auf Rügen 2011 in die UNESCO-Weltnaturerbeliste aufgenommen wurde. Ihnen zu Ehren erschien 2014 die 145-Cent-

Buchenwald Grumsin mit einem der stillen Waldseen

Briefmarke »Alte Buchenwälder Deutschlands«. Hier am Wolletzsee leben unter anderem Schreiadler, Schwarzstörche, Uhus und Seeadler, ungewöhnliche Orchideenarten, Trollblumen und andere seltene Pflanzen finden sich im Grumsiner Forst und fünf bislang nicht bekannte Mückenarten wurden hier entdeckt. Gleichgültig, ob man das Gebiet von Altkünkendorf, von Groß Ziethen oder vom westlich gelegenen Angermünde aus erreicht – es ist herrlich, vor allem während der Laubfärbung im Oktober, durch die lichten, majestätischen Wälder zu wandern, entlang kleiner, verschwiegener Waldseen und hingestürzter Riesenbuchen, die wie hölzerne Mammutknochen langsam ins Laub des hügeligen Waldbodens einsinken.

Die Buchenwälder von Grumsin sind ein Totalreservat, das nur auf ausgeschilderten Wanderwegen erkundet werden darf. Die Kernzone ist nicht zugänglich – es sei denn, man bucht eine spezielle Führung. Im Weltnaturerbe sind immer wieder massive eiszeitliche Findlinge aus Gneis-Granit anzutreffen, so in den Blockpackungen der Sperlingsberge oder im ehemaligen Steinbruch in den Ihlowbergen.

Findlinge, die zu stonehengeartigen Skulpturen zusammengefügt sind, finden sich auch im nahen Angermünde, genauer gesagt auf der Skulpturenpromenade am dortigen Mündesee. Ehrenbürger der Stadt mit mittelalterlicher Stadtmauer und historisch reizvollem Marktplatz ist übrigens Ehm Welk, der

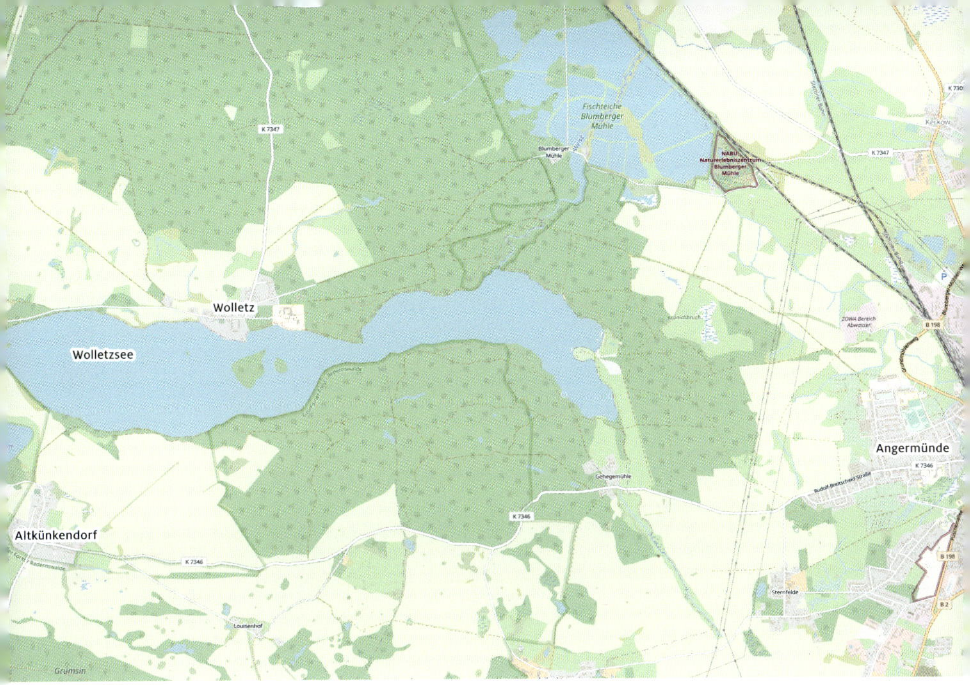

seinen nördlich von Angermünde gelegenen Geburtsort Biesenbrow zum Vorbild für das Kummerow seiner Romane machte. Und so liest sich eine Stelle aus den *Gerechten von Kummerow* beinahe so, als würde einer der Seen im Grumsiner Waldgebiet geschildert: »Der Schwarze See ist das verlorene, lockende Paradies der Kinder von Kummerow. Verloren deshalb, weil es nur noch für Mutige zugänglich ist, die eine Wanderung durch dichtes Unterholz, hohes Schilf, über moorigen und morastigen Boden nicht scheuen oder das Schwimmen über den See riskieren (...) Paradies deshalb, weil hier eine seit Jahrzehnten oder Jahrhunderten sich selbst überlassene Natur in vielen Geheimnissen zum empfänglichen Kindergemüt spricht.«

6 Werbellinsee und Grimnitzsee bei Joachimsthal

Wer den Grimnitzsee bei Joachimsthal, diesen großen, flachen eiszeitlichen Grundmoränensee, zu Fuß umrundet, kommt an den Resten der askanischen Grimnitzburg, an einigen Siedlungen und Badestellen, an der Naturbeobachtungsstation in Althüttendorf mit schönem Ausblick und sogar kurz an der Autobahn Berlin–Stettin vorbei. Meistens aber empfängt man auf dem etwa 15 Kilometer langen Rundweg urtümliche Eindrücke einer schwer zugänglichen Sumpflandschaft und kann sich immer wieder außerhalb der Geschichte wähnen.

Das sieht mit dem Werbellinsee ganz anders aus. Seit dem 17. Jahrhundert durch einen Kanal mit dem Grimnitzsee verbunden, ist der südlich von Joachimsthal gelegene Werbellinsee nicht nur Ausflugsziel für Wassersportler, sondern auch geschichtsträchtiges Terrain.

Zusammen mit dem stillen Grimnitzsee gehört der weniger stille Werbellinsee mit seinen Badestellen, Campingplätzen, Bootshäusern, Yachthäfen, Ferienkolonien und Cafés zum Biosphärenreservat Schorfheide-Chorin. Man umfährt ihn besser mit dem Auto oder dem Fahrrad, als ihn zu umwandern.

Wir beginnen unsere Rundfahrt um die knapp zehn Kilometer lange eiszeitliche Rinne des Werbellinsees an der Promenade von Altenhof auf der östlichen Seeseite, von der aus bereits Fontane über das Wasser schaute: »Kleine Wellen schäumen ans Ufer vor uns, die breite Wasserfläche liegt noch im Licht, während sich nach Norden hin bläuliche Schatten über Wald und See breiten. [...] Es ist ein Märchenplatz, auf dem wir sitzen«. Aber die in alten Sagen erwähnte Stadt namens Werbelow, die mit ihrem Schloss im Werbellinsee versunken sein

GRIMNITZSEE UND WERBELLINSEE

GRÖSSE: Grimnitzsee: 780 Hektar; Werbellinsee: 782 Hektar
ZUGANG: Über den Ortskern von Joachimsthal und Altenhof (Werbellinsee)
BADEN: mehrere Badestellen (teils mit Imbiss, WC und Spielplatz), mehrere Naturbadestellen
BOOTE: Mehrere Bootsverleihe am Südwestufer des Werbellinsees
ÖPNV: Ab Eberswalde mit dem RB bis Joachimsthal
IN DER NÄHE: Burgruine Grimnitz, Naturbeobachtungsstation Althüttendorf, ehemalige Pionierrepublik, heute Europäische Jugendbegegnungsstätte Werbellinsee, Askanierturm, Café Wildau, Schloss Hubertusstock
TIPP: Rundweg um den Grimnitzsee (etwa 15 km), Rundweg um den Werbellinsee (28 km)

Naturbadestelle am Werbellinsee

soll, ist nicht nur Märchenstoff. Tatsächlich finden Taucher immer wieder in 55 Metern Tiefe Bootsplanken, Scherben und Pfähle aus frühgeschichtlicher Zeit. Und nicht nur das: Sie entdecken am Grund des Gewässers auch immer wieder gesunkene Schiffe aus verschiedenen Epochen, Wracks, die friedlich von den hier typischen Dreikantmuscheln besiedelt sind und verschiedensten Fischarten Unterschlupf bieten. Übrigens wurden die Maränen, die schon 1565 Kurfürst Joachim im Werbellinsee gerne fischen ließ und verspeiste, Mitte des 19. Jahrhunderts durch einen Einfall exotischer Kormorane dezimiert, die sich zu vielen Tausenden hier, laut Fontane »wie Fliegen in einer Bauernstube«, ansiedelten und schließlich von Schützenbataillonen gezielt vertrieben werden mussten.

In südlicher Richtung überqueren wir bei Eichhorst den Werbellinkanal aus dem 18. Jahrhundert, der den See mit dem Oder-Havel-Kanal verbindet. Hier hatte Hermann Göring 1934 nicht nur ein Urwildgehege eingerichtet, sondern auch ein Wisentdenkmal eingeweiht, auf dem eine Zeile aus dem Nibelungenlied zu lesen war, die besagt, dass Siegfried ein Wisent, einen Elch und vier starke Auerochsen erschlug. Dass diese martialische, in der DDR entfernte Skulptur des Bildhauers Paul Esser, der auf Hitlers Gottbegnadeten-Liste aufgenommen worden war, 2001 wieder aufgestellt wurde, hat einen unangenehm-befremdlichen Beigeschmack.

Blick auf den Grimnitzsee, Askanierturm in Wildau, Kaiserbahnhof Joachimsthal

An der Südspitze des Sees findet sich nicht nur der runde, zinnenbekrönte Askanierturm aus Natursteinen vom Ende des 19. Jahrhunderts, sondern auch das 2009 original nachgebaute Traditionscafé Wildau, das während der DDR-Zeit verfallen war, woraufhin dieser »Schandfleck« anlässlich des Staatsbesuchs von Helmut Schmidt im Dezember 1981 abgerissen und im Werbellinsee versenkt wurde.

Das nahe dem westlichen Ufer des Sees am Rande der Schorfheide liegende Schloss Hubertusstock wurde Mitte des 19. Jahrhunderts unter König Friedrich Wilhelm IV. im bayrisch-schweizerischen Landhausstil als Jagdschloss der Hohenzollern errichtet und diente auch weiterhin Staatsoberhäuptern wie Friedrich Ebert und Hindenburg als Gästehaus. In der NS-Zeit residierte hier der Leiter der Reichskanzlei Hans Heinrich Lammers, und in der DDR wurden Staatsgäste einquartiert, so 1981 Helmut Schmidt und 1987 der polnische Präsident Wojciech Jaruzelski. Obwohl das Treffen von Schmidt und Honecker von der Verhängung des Kriegsrechts in Polen überschattet war, gilt es doch als Schritt zu einer langsamen Annäherung beider deutscher Staaten. Heute ist hier ein Hotel mit Tagungshaus untergebracht.

Auf der sich direkt am Seeufer hinschlängelnden, äußerst reizvollen Straße fahren wir nach Norden und wenden uns am Kaiserbahnhof durch die Werbelliner Berge, die ein eindrucksvolles Steilufer bilden, in südlicher Richtung zu-

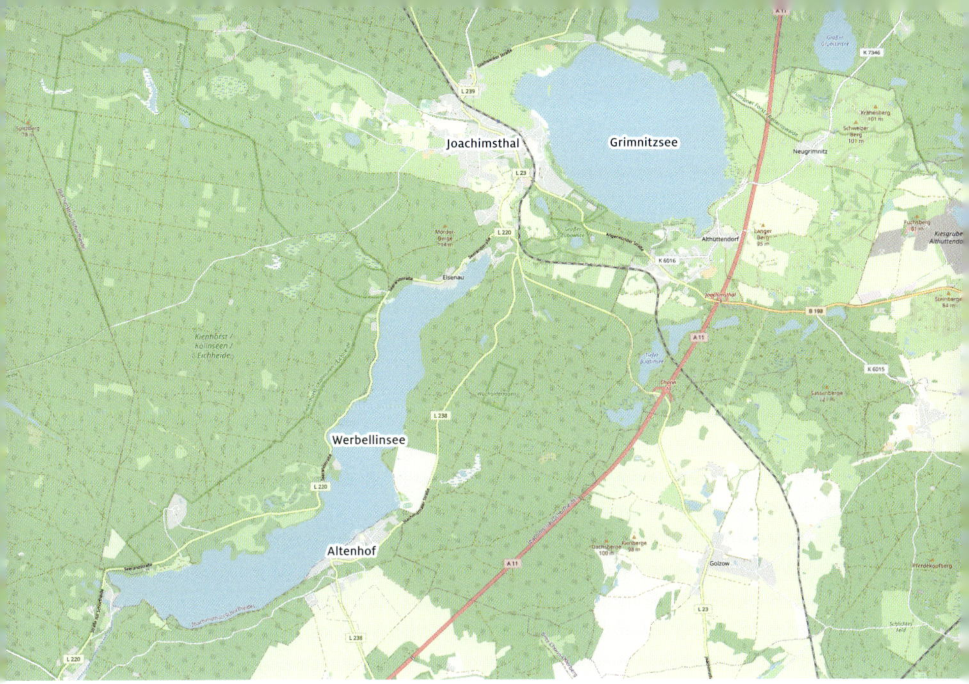

rück, wo sich kurz vor Altenhof eine weiträumige Jugendbegegnungsstätte auftut. Das Vorbild dieser 1952 entstandenen »Pionierrepublik Wilhelm Pieck« war das sowjetische Allunions-Pionierlager Artek auf der Krim. Neben Sporthallen, Kino, Bibliothek, Freilichtbühne und Cafés gab es auf dem heute denkmalgeschützten Terrain nicht nur eine mongolische Jurte, sondern auch ein Fließband für die Herstellung von Steckdosen, das Manja Präkels in ihrem Roman *Als ich mit Hitler Schnapskirschen aß* erwähnt. Weiter heißt es dort über die Ankunft der privilegierten Hauptheldin in der Pionierrepublik: »Der Sandstrand wirkte sonderbar aufgeräumt. Voller Ehrfurcht schritten wir durch das Eisentor auf das Lagergelände zu. Dahinter reihten sich schmucklose Häuser entlang der breiten, leeren Straße zu einer Parade aus Beton.«

Wieder schauen wir auf der Promenade von Altenhof über das »kostbare klare Wasser«, wie Fontane es nannte. Und doch wissen wir, dass viele untergegangene Schiffe, versenkte Gebäudereste und ebenso viele Geschichten am Grunde des Sees ruhen, auf diesem zweitgrößten Binnen-Schiffsfriedhof Europas, über den sich aber das vom Wind und von den Booten gekräuselte Wasser, diese ewige, geschichtslose Oberfläche ebenso freundlich-verschwiegen wie meditativ ausbreitet.

7 Parsteiner See

Obwohl der eiszeitliche Parsteiner See mit seinen knapp sieben Kilometern Länge und vier Kilometern Breite einer der größten Seen Brandenburgs ist, gehört er zu den Stillen im Lande. Elektro- und Motorboote sind hier verboten, auch Ausflugsdampfer verkehren nicht, und nur wenige Badestellen an ausgewiesenen Campingplätzen laden zum Schwimmen im klaren Wasser ein. Rudern, Angeln, Segeln, Surfen und Tauchen bei der Tauchschule Pehlitzwerder sind jedoch gestattet.

Trotz dieser touristischen Nutzung haftet dem Parsteiner See ein melancholischer Reiz an. Schon die Sage weiß von einer versunkenen Stadt an dieser Stelle zu berichten: Es »erstreckt sich von dem Dorf Herzsprung bis nach Brodowin und Pälitz ein großer See, der überall von mäßigen, aber meist steilen Höhen umgeben ist. In ihm soll eine große Stadt, und zwar durch eigene Schuld der Bewohner untergegangen sein.« Da es in eben jener Stadt nämlich einst an Trinkwasser fehlte, gruben die Bewohner Brunnen, die aber nicht ausreichten. Als ein Zauberer kam und einen besonders schönen, tiefen Brunnen mit hellem, klarem Wasser in die Erde trieb, forderte er lediglich, dass der Brunnen jeden Abend sorgfältig abgedeckt werde. Einmal jedoch wurde es vergessen: »Da fing die Flut in dem Brunnen plötzlich an emporzuwallen und stieg immer höher und verschlang die Stadt samt allen Bewohnern; das Wasser trat aber weiter und weiter aus und bildete zuletzt den großen Paarsteinschen See.«

Als Fontane auf seinen *Wanderungen* den Parsteiner See erkundete, bemängelt er dessen kahle, karge Steilufer, die so wirken, als wäre die Erde am dritten Schöpfungstag stehengeblieben: »Dieser weitgedehnte See, überall eingefaßt durch prächtig geschwungene Uferlinien, gewährt ein Landschaftsbild voll imponierender Schönheit; aber dieser Schönheit vermählt sich eine Sterilität, wie sie an märkischen Seen nur selten getroffen wird. (...) Keine Spur von Grün

PARSTEINER SEE

GRÖSSE: 1003 Hektar
BADEN: Badestellen am Campingplatz bei Parstein, bei Herzsprung und auf der Halbinsel Pehlitzwerder
BOOTE: Bootsverleih, Tauchbasis und Surfschule am Naturcampingplatz Parsteiner See
ÖPNV: Ab Angermünde mit dem Bus bis Parsteinsee
IN DER NÄHE: Ökodorf Brodowin
TIPP: Radweg »Klostertour Chorin-Angermünde« entlang des östlichen und südlichen Seeufers

Parsteiner See mit naturbelassener Uferpartie

bedeckt die sandgelben, in ihren Formen nicht unmalerischen Abhänge, kein Saatfeld läuft wie ein grünes Band von den Hügeln zum See hernieder, kein Laubholz, kein Tannicht, keine Decke grünen Mooses. Diese absolute Öde, nur einmal zur Rechten durch eine Turmspitze unterbrochen, ist an sich nicht ohne einen gewissen Zauber, aber das Gefühl, daß hier die Grundelemente zu einem märkischen Landschaftsbilde ersten Ranges nur geboten wurden, um von seiten der Kultur unbenutzt zu bleiben, verkümmert die Freude an dem, was wirklich vorhanden ist.«

Tatsächlich ist die Umgebung des Parsteiner Sees vor allem landwirtschaftlich und weniger kulturell geprägt. Zwar soll das Ufer bereits in der Steinzeit, also etwa um 2600 v. Chr., besiedelt gewesen sein, worauf Dolmenfunde aus Findlingen rückschließen lassen. Aber sogar das 1258 gestiftete Zisterzienserkloster Mariensee auf dem Pehlitzwerder im Süden des Sees, eine Filiation von Kloster Lehnin, wurde bereits nach 15 Jahren acht Kilometer weiter südwestlich nach Chorin verlegt. Zwar schien im Mittelalter die damalige Insel, heute Halbinsel, mit slawischem Wall und Burg für eine Klostergründung zunächst gut geeignet. Doch als der Wasserspiegel immer stärker zu steigen begann – er stand mindestens zwei Meter höher als heute, Tendenz weiter fallend –, wurde das bereits halb fertiggestellte Kloster laut damaliger Chroniken »wegen mehrerer Unbequemlichkeiten« aufgegeben und in Chorin ein Neubau begonnen.

Storch, Rummelsberg bei Brodowin, Kirche in Brodowin

Allerdings verbanden die Mönche den Parsteiner See durch einen Abflussgraben mit dem Choriner Amtssee, um dort ihre Mühlen betreiben zu können. Heute finden sich noch Mauerreste des Klosters und über 500 Jahre alte Baumbestände auf dem Pehlitzwerder.

Als nach dem Dreißigjährigen Krieg die Ortschaften um den See entvölkert waren, siedelten sich hier schließlich Hugenotten an, und nach 1945 fanden etliche Vertriebene aus den ehemaligen deutschen Ostgebieten in dieser Region ein neues Zuhause. Vielleicht lag es an der offenen und wachen Mentalität der Zugezogenen, vielleicht lag es an den unübersehbaren ökologischen Missständen in der DDR-Zeit selbst – jedenfalls kamen schon in den 1980er Jahren vor allem im Dorf Brodowin während der »Brodowiner Gespräche« unter dem Umweltaktivisten Reimar Gilsenbach ökologische Gedanken und Reformideen zum Schutz von Natur und Umwelt auf, was am Parsteiner See auch bitter nötig war. Denn nicht nur, dass in der DDR-Zeit eine intensive Fischwirtschaft betrieben und dem See für die Bewässerung der umliegenden LPG-Felder Wasser entzogen wurde, vor allem floss das mit Pestiziden, Düngemitteln und Gülle aus der Massentierhaltung belastete Wasser zurück in den See, der umzukippen drohte, sodass immer wieder Badeverbote verhängt werden mussten. Im Öko-Dorf Brodowin setzte man sich schon in der DDR-Zeit für das Ende der Belastungen ein.

Seit 1993 betreibt hier ein Demeter-Betrieb ökologische Landwirtschaft, die Uferbereiche sind größtenteils naturbelassen und in Schonzonen unterteilt und in den Kellern des abgerissenen »Zentralen Pionierlagers« siedelten sich Fledermauskolonien an. Erstaunlich schnell entwickelten sich Flora und Fauna des Sees derart gut, dass Brodowin bereits 1995 eine Umwelt-Auszeichnung erhielt. Auch Algen mit poetisch klingenden Namen wie Faden-, Stern-, Geweih, steifhaarige, rauhe, gegensätzliche, kurzstachlige und zerbrechliche Armleuchteralgen, die in der DDR-Zeit dezimiert waren, bilden wieder einen dichten Teppich am Grund des Sees. Brodowin mit Stüler-Kirche, Konzerten, Veranstaltungen zu ökologischen Themen und der vor Jahren erfolgreichen Ausstellung »Von der Eiszeit zum Ökodorf«, die hoffentlich dauerhaft hierher zurückkehrt, ist mittlerweile so bekannt und erfolgreich, dass im März 2023 der britische König Charles III. dem Dorf einen Besuch abstattete, um hier Gespräche über ökologische Landwirtschaft zu führen. Vermutlich hat er auch von einem Aussichtspunkt am hohen Ufer weit über die Wasserlandschaft geschaut, in der er, nach vielen ökologisch wertvollen Hinweisen, vielleicht gar nichts Steriles oder Melancholisches mehr sah, sondern nur die *S-line of beauty* der anmutig gebuchteten Uferlinie.

8 Schermützelsee bei Buckow

Das Zentrum der eiszeitlich geformten Hügellandschaft mit dem geradezu rührenden Namen Märkische Schweiz bildet der »Kanton Buckow« (Fontane) mit dem gleichnamigen Städtchen am Schermützelsee, der »die Form eines abgestumpften Halbmonds« hat, »also bohnen- oder nierenförmig« (Fontane) ist. Dass es mit diesem See etwas besonders Geheimnisvolles auf sich hat, weiß schon die Sage von der einst im See versunkenen Stadt Alt-Buckow zu berichten. Auch der Buckower Fischer, mit dem Fontane sich auf seinen Wanderungen unterhält, erzählt sehr glaubwürdig, »daß wir an klaren Tagen zehn Fuß tief unterm Spiegel allerhand Pfahlwerk stehen sehen, Blockhäuser vielleicht, jedenfalls Zaun und Steg und mancher von uns hat etwas von dem Pfahlwerk herausgeholt und ihm einen guten Platz im Hausflur gegeben. Wir denken, es ist ein Segen dabei.« Tatsächlich weisen Funde von Pfahlbautenresten im See auf die Lausitzer Kultur um 1000 v. Chr. hin.

Angeblich soll der See, so Fontane, durch einen Erdfall entstanden sein: »Das Innere der Erde hat Höhlen, deren Wände und Deckengewölbe die Hand der Natur mit Kalk oder Gipsmassen umkleidet hat. [...] Über solchem gewölbten Riesentunnel liegt Erdreich, wie viel ist gleichgültig, und auf dem Erdreich steht eine Stadt oder wächst ein Wald.« Plötzlich aber stürzt alles ein und »ein See steht ruhig über Stadt und Wald«. Schließlich gibt es laut Fontane in der Mark von diesen »interessanten Naturerscheinungen« zur Genüge: Der Gohlitzsee bei Lehnin, der Gudelacksee bei Lindow, der große Parsteiner See und alle Teufelsseen sollen ihre Existenz solchen Erdfällen verdanken – eine Herleitung, die nicht unbedingt wissenschaftlich gedeckt ist. Die Vorstellung, möglicherweise auf labilem Untergrund zu stehen, löst in Fontane ein »leises Unbehagen« aus, nun aber weiß er auch, warum »mich der Schermützel so ganz anders angeblickt hatte, wie manch anderer See«.

SCHERMÜTZELSEE

GRÖSSE: 137 Hektar
ZUGANG: Über den Ortskern von Buckow
BADEN: Strandbad Buckow (Gastronomie, WC, Spielplatz), mehrere Naturbadestellen
BOOTE: Ruder- und Tretbootverleih sowie eine Anlegestelle für Fahrgastschiffe am Strandbad
ÖPNV: Ab Müncheberg (Mark) mit dem Bus
IN DER NÄHE: Brecht-Weigel-Haus, Eiszeitgarten
TIPP: Rundweg ab dem Brecht-Weigel-Haus (7,5 km), Wanderweg um den Großen und Kleinen Tornowsee (etwa 5,5 km)

Schermützelsee mit geschwungener Uferpartie

Das Städtchen Buckow am östlichen Ufer ist vom Schermützelsee nicht zu trennen. Als Fontane schrieb, »Buckow ist eine ländliche Schönheit, die mit nacktem Fuß in den See tritt und unter Weidenzweigen ihr Haar flicht«, war das besonders gute Klima des Buckower Kessels bereits bekannt. So konnte um die Mitte des 19. Jahrhunderts der Leibarzt König Friedrich Wilhelms IV. diesem raten: »Majestät, in Buckow geht die Lunge auf Samt«. Doch begann erst mit der Eisenbahnanbindung kurz vor 1900 der Fremdenverkehr zu boomen. Gründerzeitliche Sommervillen begüterter Gäste entstanden am Ufer des Sees, 1911 wurde ein Strandbad, nach dem Wannseebad das erste in Brandenburg, angelegt, das bis heute mit Bootsverleih, Spielplatz und Sprungturm zum Baden im ausgezeichneten Seewasser einlädt. In den 1920er Jahren stieg Buckow zu einer Sommerfrische für Künstler und Literaten wie Egon Erwin Kisch und John Heartfield auf. Während der NS-Zeit kamen Stars wie Heinz Rühmann und Max Schmeling zur »Stärkung geschwächter Nerven«, so die damalige Werbung von »Bad Buckow«, in den Kneippkurort. Als sich dann in den 1950er Jahren Bertolt Brecht und Helene Weigel in ihrem Sommerhaus am Ufer des Schermützelsees niederließen, ging der Ort durch Brechts teils regimekritische, teils naturlyrische *Buckower Elegien* bleibend in die Literatur ein. Neben zarten poetischen Bildern von zwei nackten jungen Männern in Faltbooten, die nebeneinander über das Wasser gleiten und sich unterhalten, wird der See zum Spiegel

Brecht-Weigel-Haus, Stobbermühle in Buckow, Blick auf den Schermützelsee

für Metaphern und wechselnde Stimmungen, die zwischen heiter (»Am See, tief zwischen Tann und Silberpappel / Beschirmt von Mauer und Gesträuch ein Garten«), böse (»Der See / Eine Lache Abwaschwasser, nicht rühren«) und bedrohlich changieren: »Der Himmel dieses Sommers: Hoch über dem See fliegt ein Bomber. / Von den Ruderbooten auf / Schauen Kinder, Frauen, ein Greis. Von weitem / Gleichen sie jungen Staren, die Schnäbel aufreißend / Der Nahrung entgegen.«

Das originelle Haus von 1911 im Heimatstil mit Mansarddach und großem Atelierfenster dient seit 1977 als Museum für die beiden prominenten Bewohner und als Veranstaltungsort mit Lesungen, Konzerten, Gesprächs- und Filmabenden.

Am Brecht-Weigel-Haus lässt sich auch der knapp acht Kilometer lange Rundweg um den Schermützelsee beginnen, ein Panoramaweg, der durch eiszeitlich geformte Schluchten und Kehlen führt, auf versteckte Naturbadestellen trifft und großartige Landschaftsbilder eröffnet. Am Bollersdorfer Ufer führt er am Hotel »Johst am See« entlang, wo der »rasende Reporter« aus Prag, Egon Erwin Kisch, 1927 logierte. Ein Gedenkstein in Bollersdorf weist auf seinen Aufenthalt hin.

Nur Segelboote, Angelkähne und das kleine Ausflugsschiff »Scherri« beleben die Wasserfläche. Da der Schermützelsee mit bis zu 38 Metern Tiefe ein

Reservat für bedrohte Tierarten wie Steinbeißer oder Fischotter darstellt, sind Motorboote nicht erlaubt.

Zum noch strikteren Umweltschutzgebiet Natura 2000 gehören der Kleine und Große Tornowsee, die etwa drei Kilometer östlich von Buckow in den hügeligen Wäldern gelegen sind und die Fontane in einen düsteren und einen heiteren See unterteilt: »Aus der Tiefe des ›kleinen Tornow‹ herauf könnt' uns eine Hand, eine Stimme vielleicht nach unten ziehen, aber das Wasser des großen Tornow, das eben in tausend Tropfen von unserm Ruder fällt, funkelt in allen Farben des Lichts. [...] ›Friede‹ ist die Parole am großen Tornowsee.«

Wenn wir aus der Einsamkeit der naturbelassenen, stillen Tornowseen wieder an den Schermützelsee zurückkehren, wird uns Buckow mit seinem Schlosspark und den Sommerkonzerten, mit Cafés und Galerien, mit Kurpark, eiszeitlichem Gesteinsgarten und den jährlich stattfindenden Buckower Rosentagen wie ein Feuerwerk der Zivilisation erscheinen. Es ist eine menschenfreundliche Zivilisation, die schon Brecht in seiner Buckower Elegie *Der Rauch* als eine wohltuende, wärmende beschwört: »Das kleine Haus unter Bäumen am See. / Vom Dach steigt Rauch. / Fehlte er / Wie trostlos dann wären / Haus, Bäume und See.«

9 Straussee bei Strausberg

Der Straussee, der sich säuberlich in eine Wald- und eine Stadtseite teilt, hat verschiedene Gesichter. Schon die etymologische Herkunft des Namens »Straussee« trägt widersprüchliche Züge. Vermutlich aus dem slawischen Wort »struc« oder »struz« für »Schote« herkommend, das die schmale, bohnenförmig gebogene Seeform bezeichnet, machte die Volksetymologie der deutschen Bewohner im 13. Jahrhundert daraus »Strauß« und schrieb ihre abenteuerlichen Herleitungen gleich in Sagen und Chroniken fest. So berichtet Ingeborg Drewitz in ihrer Sammlung märkischer Sagen: »Die Stadt Straußberg soll ihren Namen von dem Straußsee, an dem sie liegt, haben, und der heißt so, weil er ganz die Gestalt wie der Vogel gleichen Namens hat. Man möchte zwar meinen, daß die langen Beine fehlen, aber auch die sind da, wenn man nämlich die beiden alten Gräben ansieht, welche an der Stadt sind.«

Der aus Strausberg gebürtige Angelus erzählt in den märkischen Annalen aus dem Jahr 1254: »Etliche haltens dafür, daß Straußberg den nahmen habe von dem großen ungeheuren vogel Straus, und sagen, daß an dem ort der Stad, den man eine lange zeit biß nun hero den Buchhorst genennet, viel große gewaltige büchsbäume gestanden, darin sich der vogel Straus gehalten habe.« Schon seit dem Mittelalter also hat sich der populärere Vogel Strauß gegenüber der Schote durchgesetzt. Heute bevölkern etliche originelle Plastiken und Skulpturen des beliebten Strausberger Wappentieres die Straßen und Parks der am östlichen Ufer sich hinziehenden Stadt.

Der Straussee ist mit seinen knapp vier Kilometern Länge und nur gut 300 Metern Breite ein eiszeitlicher Rinnensee par excellence. Auf einem 9,5 Kilometer langen Uferweg, der mit lehrreichen Hinweistafeln zur Regionalgeschichte bestückt ist und der an mehreren Naturbadestellen sowie auf der Stadtseite am Strandbad entlangführt, lässt er sich ganz umrunden. Angler schätzen den Fischreichtum des Sees, ein Bootsverleih und eine Tauchbasis sorgen für

STRAUSSEE

GRÖSSE: 136 Hektar
ZUGANG: Über den Ortskern von Strausberg
BADEN: Strandbad Straussee (derzeit geschlossen), weitere Naturbadestellen
BOOTE: Ruderbootverleih am Strandbad
ÖPNV: S5 bis Strausberg Stadt
IN DER NÄHE: Strausseefähre, mittelalterliche Pfarrkirche St. Marien, Flugplatzmuseum, Findlingshof
TIPP: Rundweg (9,5 km)

Steg am Straussee

sanften Wassersport, denn bis auf Fischerboote, die Ausflugsschifffahrt und die Wasserwacht sind Motorboote hier nicht gestattet. Das Baden im klaren Seewasser ist ebenso herrlich wie das Schlittschuhlaufen an – heute selten gewordenen – eisigen Wintertagen, wo in Brueghelscher Manier die halbe Stadt im grauen Januarlicht über den Straussee gleitet. Das alles wirkt schön und heiter.

Aber in den letzten zehn, 15 Jahren mehren sich die Probleme mit dem Wasserstand des Sees. Zwar durch Gräben und Fließe mit den Seen bei Rüdersdorf verbunden, ist der Straussee mit seinen bis zu 20 Metern Tiefe aber vor allem ein grundwassergespeister See, das heißt, er ist abhängig von Niederschlägen und vom Grundwasserpegel. Da dieser wegen des Wasserwerks Spitzmühle sowie in jüngster Zeit durch den enormen Grundwasserverbrauch der Firma Tesla Gigafactory Berlin-Brandenburg immer weiter sinkt, und da aufgrund des Klimawandels die Sommer heißer und die Winter trockener werden, verändert sich auch der Wasserstand des Straussees in dramatischer Weise. Der Schilfgürtel befindet sich stellenweise nicht mehr im Wasser, das sich an flachen Stellen bereits etwa fünf Meter zurückgezogen hat und den Seeboden freigibt. Da das historische Strandbad von 1925 auf der Stadtseite des Sees mit seiner filigranen Holzarchitektur nun keinen Nichtschwimmerbereich mehr ausweisen kann, musste es 2019 geschlossen werden. Aber es gibt Licht am Horizont. Denn bevor der Straussee zum »Aralsee von Brandenburg« verkümmert, wie bereits geunkt

Oberleitungsfähre über den Straussee

wurde, entstand 2019 eine sehr engagierte Bürgerinitiative zur Erhaltung des Sees, die mit Petitionen, Demonstrationen und Veranstaltungen die Öffentlichkeit für das Wasserproblem sensibilisiert, das auch etliche andere Seen in Brandenburg betrifft. Mittlerweile hat sich im Strausberger Rathaus ein spezieller Klimaausschuss gebildet, der mit konkreten Hilfsmaßnahmen beschäftigt ist.

Der beherrschende, äußerst trutzige, bollwerkartige Turm der Marienkirche auf der Stadtseite des Straussees, die in der Mitte des 13. Jahrhunderts im Übergang von der Romanik zur Gotik aus Feldsteinen erbaut wurde – es ist eine der größten dieser Art in Brandenburg –, und die teilweise erhaltene Stadtmauer mit Wiekhäusern verraten die mittelalterliche Stadtgründung. Aber das sogenannte finstere Mittelalter war vermutlich niemals so barbarisch wie die Verbrechen während der NS-Zeit, als während der Novemberpogrome 1938, wie vielerorts in Deutschland, die Synagoge und der zentral an der Uferpromenade gelegene jüdische Friedhof zerstört wurden. Eine Gedenktafel an der Friedhofsmauer weist darauf hin. Auch die 1935 errichtete Strausberger Munitionsfabrik ist spätestens ab 1940 mit NS-Verbrechen verbunden, da über 1500 Kriegsgefangene und Zwangsarbeiter, darunter auch weibliche Gefangene aus dem KZ Ravensbrück, hier schikaniert wurden. Umso erfreulicher ist die Tatsache, dass sich die Stadt ihrer historischen Verantwortung stellt und mit ihrer Partnerstadt, dem tschechischen Terezín, Theresienstadt, in lebendigem Austausch steht. Übri-

gens befand sich nahe der Munitionsfabrik auch ein Flugzeugreparaturwerk, in dem zwischen 1941 und 1944 eine ungewöhnliche Pilotin etwa 700 Flugzeuge einflog: Beate Uhse.

Wer sich, an der Strausberger Uferpromenade stehend, aus der Stadt weg ans andere Ufer, an die ruhigere Seeseite am Waldrand wünscht, muss nicht lange warten. Am Fähranleger verkehrt, in der Saison halbstündlich, die letzte Oberleitungsfähre Deutschlands, eine Seilfähre, die etwa 100 Personen befördern kann und, neben dem Strauß, als das denkmalgeschützte Wahrzeichen der Stadt gilt. Seit 1894 (seit 1914 elektrisch) pendelt sie zwischen Stadt und Wald, und man kann nur inständig hoffen, dass es ihr auch in Zukunft nie an einer Handbreit Wasser unterm Kiel fehlen wird.

Im Südosten von Berlin

Müggelsee

10 Stienitzsee, Kalksee und Flakensee bei Rüdersdorf und Woltersdorf

Zusammen mit dem nördlich gelegenen Straussee gehören der Stienitzsee, der Kalksee und der Flakensee zu einer eiszeitlichen Rinnenseenkette des Warschau-Berliner Urstromtals. Wer am nordwestlichen Ufer des Stienitzsees entlangwandert, der mit seinem ausgezeichneten Wasser, einem Strandbad und mehreren Naturbadestellen zum Schwimmen einlädt, ahnt vermutlich nicht, dass der Weg über den ehemaligen Seegrund führt. Als um 1850 im See Tonvorkommen entdeckt wurden, senkte man den Wasserspiegel künstlich um etwa zweieinhalb Meter ab. Bis 1975 wurde hier Ton abgebaut, der dann über die Spree nach Berlin verschifft wurde. Die heutigen Sumpfauen, durch die der Wanderweg führt, tragen den sprechenden Beinamen »Gummiwiesen«.

Zwischen dem Stienitzsee und dem Kalksee, die durch das Rüdersdorfer Mühlenfließ verbunden sind, erhob sich bei Rüdersdorf ein Berg aus Muschelkalk, der ab Beginn des 13. Jahrhunderts peu à peu abgetragen wurde. Durch den Tagebau ist mittlerweile ein langgestrecktes tiefes Tal mit steilen Felsabbrüchen entstanden, das einer gebirgigen Mondlandschaft gleicht. In den Steinbrüchen und dem Zementwerk von Rüdersdorf, der »Kalkhauptstadt am Rande Berlins«, wurden während der NS-Zeit etwa 2000 Gefangene zur Zwangsarbeit eingesetzt. Obwohl Teile der Industrieanlagen nach 1945 demontiert und in die Sowjetunion transportiert wurden, konnte man in der DDR-Zeit die Zementproduk-

STIENITZSEE, KALKSEE UND FLAKENSEE

GRÖSSE: Stienitzsee: 211 Hektar; Kalksee: 84 Hektar; Flakensee: 67 Hektar

ZUGANG: Stienitzsee: über Hennickendorf; Kalksee: über die Ortskerne von Woltersdorf oder Rüdersdorf; Flakensee: über Woltersdorf und Erkner

BADEN: Stienitzsee: Strandbad (Imbiss, WC, Spielplatz) und mehrere Naturbadestellen; Kalksee: zwei Strandbäder (Imbiss, WC) und mehrere Naturbadestellen; Flakensee: mehrere Badestellen

BOOTE: Stienitzsee: Mehrere Verleihe, u.a. am Strandbad; Kalksee: Verleih von Motorboten in Rüdersdorf; Flakensee: mehrere Verleihe um den See

ÖPNV: Stienitzsee: Ab S Strausberg oder S Erkner mit dem Bus bis Hennickendorf; Kalksee: Ab S Fredersdorf (bei Berlin) mit dem Bus nach Rüdersdorf; Flakensee: über Woltersdorf oder Erkner

IN DER NÄHE: Museumspark Rüdersdorf, Wachtelturm am Stienitzsee; Aussichtsturm auf dem Kranichsberg bei Woltersdorf, Woltersdorfer Schleuse, Woltersdorfer Kriegerdenkmal (Fidus) und Fidus-Haus

TIPP: Rundweg (7 km) um den Kalksee, Wanderwege entlang des Stienitzsees

Badestelle am Kalksee

tion sogar ausbauen, woraufhin nicht nur das historische Bergmannsdorf Kalkberge, sondern auch verschiedene Seen von der Erdoberfläche verschwanden. Nach 1990 verbesserte sich die Umweltbelastung durch die Industrieanlagen erheblich. Heute ist, angrenzend an den noch aktiven Tagebau, ein Museumspark entstanden, in dem neben fossilen Funden von Muscheln, Ammoniten und Reptilienknochen vor allem historische Kalköfen zu bewundern sind, so die Schachtofenbatterie »Kathedrale des Kalks«, die zwischen 1874 und 1967 in Betrieb war und seither als beliebte Filmkulisse dient. Eindrucksvoll ist eine Fahrt im Geländewagen durch die Industrielandschaft, die sich teilweise bis unter Meeresspiegelniveau erstreckt.

Trotz der Kalkwerke zog der südlich gelegene Kalksee mit seiner ausgezeichneten Wasserqualität bereits in der zweiten Hälfte des 19. Jahrhunderts Sommergäste an. So schreibt Fontane im Juli 1887 aus dem »Seebad Rüdersdorf«: »Ich will nur arbeiten und mich in Wald- und Seeluft ergehn (...). Ich bin in diesem Augenblicke mit meinem Aufenthalte *vollkommen zufrieden* und zieh ihn Interlaken oder Raggatz oder Thale weit vor. (...) Wie so vieles, ist auch *das* lediglich eine Geldfrage, Bleichröder [ein reicher Bankier] gehört nach Tréport oder Biarritz, *ich* gehöre nach Seebad Rüdersdorf.« Zwar bezeichnet er den Ort als »Jammernest«, stellt aber fest, dass er doch »irgendwo einen Charme« habe, nämlich durch »das Bergwerkswesen und die Wichtigkeit desselben für Berlin«.

Mühlenteich an der Woltersdorfer Schleuse

Die zu Beginn des 20. Jahrhunderts am östlichen Ufer des Kalksees großangelegte Badeanstalt mit Stegen und zwei hohen Sprungtürmen existiert in dieser Form heute nicht mehr, ist aber weiterhin als Strandbad Rüdersdorf in Betrieb. Genau gegenüber befindet sich an der westlichen Seite des Sees die Woltersdorfer Badestelle mit dem überraschenden Namen »Am Film«. Waren die Kalksteinbrüche von Rüdersdorf bereits um 1908 von Filmgesellschaften entdeckt worden, die hier vor einer vermeintlichen Alpenkulisse oder vor schroffen Klippen etliche Stummfilme drehten, so entstand um 1920 am Woltersdorfer Ufer des Kalksees unter dem Regisseur Joe May eine veritable Filmstadt. Hier gab es Filmberge, die »Krokodilsbucht« und exotische Kulissen wie indische Paläste mit Tempel und Tigerzwinger für Monumentalfilme. Die wichtigsten unter ihnen sind *Die Herrin der Welt* (1919) und *Das indische Grabmal* (1921) mit dem Drehbuch von Fritz Lang und Thea von Harbou. Das opulente Filmschaffen in den 1920er Jahren mit berühmten Schauspielern wie Pola Negri, Lil Dagover, Henny Porten, Hans Albers und Emil Jannings trug Woltersdorf, das in Konkurrenz zu den Filmstudios von Babelsberg stand, den Beinamen »Märkisches Hollywood« ein. Überreste der Filmstadt sind heute noch nahe dem Kalksee, der sich auf einem sieben Kilometer langen Wanderweg umrunden lässt, zu finden.

Die anmutige Lage von Woltersdorf zwischen dem Kalksee, dem Bauersee, dem Flakensee und den Kranichbergen zog um 1900 viele Ausflügler an und ließ

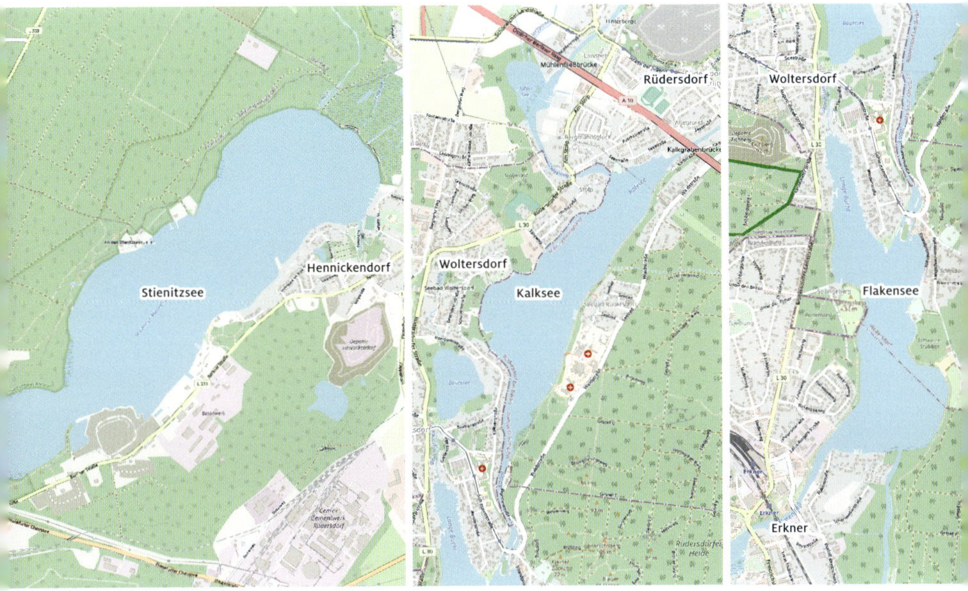

etliche Villen sowie die Gartenstadt Schönblick entstehen, in der der schillernde Maler und Lebensreformer Fidus 1906 eine Villa im Heimatstil entwarf, die zu einer Pilgerstätte der Lebensreformbewegung werden sollte. Nach 1918 schuf Fidus das Woltersdorfer Kriegerdenkmal. Der Aussichtsturm auf dem Kranichsberg, der übrigens durch einen 16 Kilometer langen Wanderweg mit dem Glockenturm im Museumspark Rüdersdorf und dem Wachtelturm am Stienitzsee verbunden ist, gewährt nicht nur weite Blicke über die Seen bis nach Berlin, sondern beherbergt auch eine Ausstellung mit dem Titel »Als Woltersdorf noch Hollywood war«.

Berühmt ist Woltersdorf auch für seine Schleuse von 1882, die den Kalksee mit dem Flakensee verbindet. Während die Straßenbrücke bei Schiffsverkehr hochgeklappt werden muss, bleibt die charakteristische Hochbrücke für Fußgänger unverändert, da die Boote unter ihr hindurchfahren können. Neben reger Binnen- und Freizeitschifffahrt eignet sich der Flakensee mit seiner Strandpromenade sehr gut zum Baden, ist doch die Wasserqualität so ausgezeichnet, dass sich sogar empfindliche Krebse ansiedeln können, wie sie die 2013 in Rüdersdorf gestorbene Schriftstellerin Helga M. Novak in einem Gedicht lebendig werden lässt: »Krebse auf dem gelben / sandigen Grund des Flakensees tiefschwarz / wie mit Scheren geschnitten ihre Scheren / tasten streichen reiben den sonnigen Kies«.

11 Müggelsee

»Die schönste Wasserfläche weit und breit« – so beurteilt Fontane den gößten der Berliner Seen, den Müggelsee, der von der Müggelspree durchflossen wird. Am Fuß der Müggelberge sitzend, lässt sich der Autor der *Wanderungen* in der Abenddämmerung bereitwillig vom »alten Müggelzauber ein(spinnen): Ein dünner Nebel zieht um den Berg (...). Die Müggel und ihre Ufer sind Märchenland.«

Tatsächlich soll das Wort Müggel von slawisch »mighla« für Nebel oder Wolke stammen und zeigt damit den janusköpfigen Charakter des Sees. Fontane jedenfalls hält ihn, trotz all seiner Schönheit, für »das tückischste unter allen Wässern. Gerade so tückisch, wie (er) unschuldig aussieht. Plötzlich springt ein Wind auf, wirft sich in die Segel und legt das Boot auf die Seite. (...) Die guten Schwimmer und die guten Segler, gerade sie sind es, die der Müggeltücke verfallen.«

Auch in den Müggelbergen, die sich mit ihren 115 Metern Höhe als die höchsten Berge Berlins am südlichen Ufer erheben, findet sich ein kleines, unheilvolles Gewässer, der sagenumwobene Teufelssee nämlich, aus dem die Prinzessin eines hier versunkenen Schlosses alljährlich während der Johannisnacht aufsteigen soll. Der Blick aber vom nahen Müggelturm, der weit über die Seenlandschaft und die ausgedehnten Wälder bis Berlin schweift, weiß nichts von diesen Unheimlichkeiten. In nordwestlicher Richtung sieht man Friedrichshagen liegen, eine erst unter Friedrich II. angelegte Kolonie für schlesische und böhmische Baumwollspinner, die sich mit dem Bahnanschluss in der zweiten Hälfte des 19. Jahrhunderts zu einem Villenvorort und einem attraktiven Ziel für Erholungssuchende entwickelte. Das große Wasserwerk, das 1889 im historisierenden Stil eines gotischen Klosters erbaut und später stark erweitert wurde,

MÜGGELSEE

GRÖSSE: 740 Hektar
ZUGANG: Über den Ortskern von Friedrichshagen
BADEN: Strandbad Friedrichshagen und Strandbad Müggelsee bei Rahnsdorf (Gastronomie, WC, Spielplatz) und mehrere Badestellen
BOOTE: Verschiedene Bootsverleihe um den See, Ausflugsschiffe fahren neben dem Spreetunnel Friedrichshagen ab (Friedrichshagener Seite)
ÖPNV: S-Bahn bis Station »Friedrichshagen« oder »Rahnsdorf«
IN DER NÄHE: Müggelturm, Museum für Wasserwirtschaft, Naturtheater, Neu-Venedig, historische Ruderfähre
TIPP: Wander- und Radwege um den See

Müggelsee mit Blick auf einen Teil der ehemaligen Bürgerbräu-Brauerei

sichert bis heute die Wasserversorgung des Berliner Ostens, wobei sich zunehmend die Sulfatbelastung aus dem Lausitzer Braunkohletagebau als Problem erweist. Die historischen Gebäude des Wasserwerks stehen als »Museum für Wasserwirtschaft« Technikinteressierten offen.

Um 1890 bildete sich der Friedrichshagener Dichterkreis, dem unter anderem die Schriftsteller Bruno Wille, Wilhelm Bölsche, Gerhart und Carl Hauptmann, die Brüder Hart, August Strindberg, Richard Dehmel und Frank Wedekind angehörten. Bölsche, nach dem die hiesige Bölschestraße, der sogenannte Kudamm des Ostens, benannt ist, verfasste hier das Buch *Hinter der Weltstadt. Friedrichshagener Gedanken zur ästhetischen Kultur* und schrieb: »Der Ort hatte vielerlei Reize. Über die weite tiefblaue Wasserfläche strich der Wind frei wie über eine Meeresbucht, Möwen trieben wie weiße Schaumflocken an dem wogenden grünen Schilf der Untiefen hin.« Auch Künstler wie Ernst Ludwig Kirchner und Walter Leistikow schufen ebenso lichtdurchflutete wie stimmungsvolle Müggelsee-Bilder. Als sich nach dem Zweiten Weltkrieg der aus dem Memelland stammende Dichter Johannes Bobrowski in Friedrichshagen niederließ, knüpfte er zusammen mit anderen Schriftstellern an den ehemaligen Dichterkreis an. Paragraph 8 ihrer humoristischen Statuten lautet: »Das Zentralorgan des Friedrichshagener Dichterkreises ist die Leber. Besondere Mitteilungen erfolgen durch das Herz.« Bobrowskis Schreibtisch und Teile sei-

Müggelturm, Strandbad Müggelsee, Neu-Venedig

nes Arbeitszimmers befinden sich seit den 2010er Jahren an seinem Kindheitsort, dem heute litauischen Willkischken.

Bis heute gilt Friedrichshagen mit seinen vielen Galerien als »Künstlerdorf«. Im 1930 erbauten Naturtheater finden regelmäßig Filmvorführungen und Konzerte statt, und während des alljährlichen »KneipenFests« wird in verschiedensten Gaststätten Klassik, Jazz und Rock gespielt.

Auch das nordöstlich des Müggelsees gelegene Rahnsdorf, in slawischer Zeit ein Fischerdorf, begann um 1900 zu boomen. Verschiedene Villenkolonien entstanden hier, darunter Wilhelmshagen mit seinen sternförmig auf einen zentralen Platz zulaufenden Straßen, und Neu-Venedig, eine ausgedehnte Wochenendkolonie mit vielen Wassergrundstücken, Kanälen und Brücken. Zur Zeit der DDR war ein Großteil der Datschen von Neu-Venedig fest in der Hand von SED-Funktionären.

Der Müggelsee, dieses auf den ersten Blick friedlich wirkende Bade- und Wassersportgewässer, lässt sich auf einem 17 Kilometer langen Wander- und Radweg umrunden. Vom Seebad Friedrichshagen gelangt man durch den Spreetunnel aus dem Jahr 1927 ans andere Ufer, kommt an der Traditionsgaststätte »Rübezahl« vorbei, die wegen des wallenden Bartes ihres ersten Besitzers diesen Namen erhielt, lässt sich dann mit der einzigartigen Ruderfähre von Müggelheim nach Rahnsdorf übersetzen und gelangt hier zum historischen Strandbad

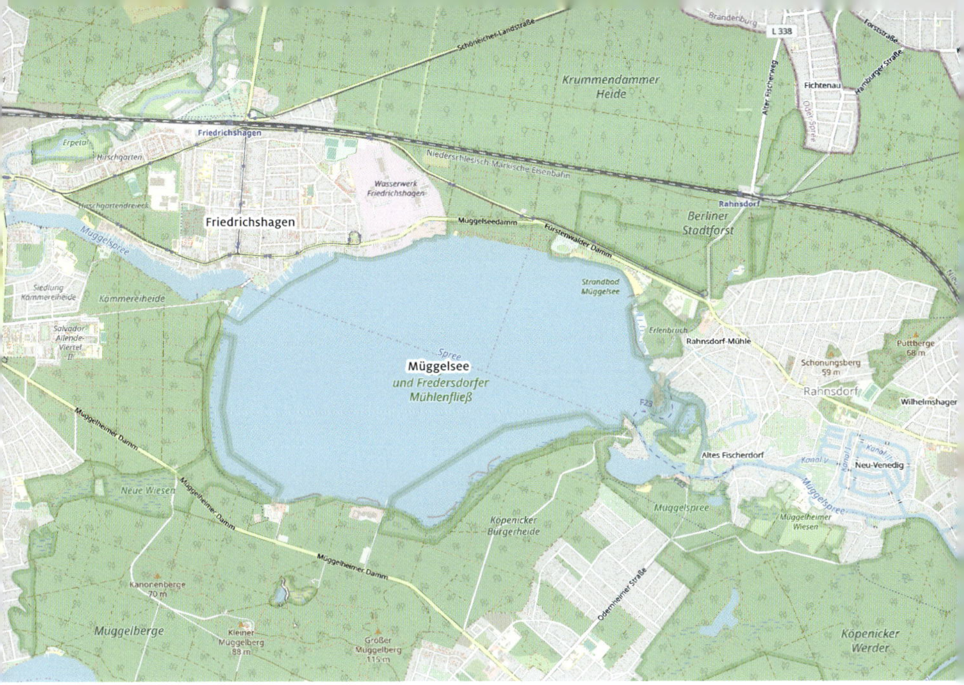

Müggelsee, das nach einem Großbrand 1929/30 von Martin Wagner, der auch das Strandbad Wannsee plante, neu errichtet wurde. Heute können hier 25.000 Badegäste pro Tag Platz finden.

Sogar bis ins All hat es der Müggelsee geschafft: Seit 2013 trägt einer der etwa 50 Methanseen auf dem Titan, einem Mond des Saturn, den Namen »Müggel Lacus«.

Aber so heiter der Müggelsee an Sommertagen wirkt – ganz lässt sich seine bleierne Saturnnatur nicht verleugnen, die auch Fontane schon beobachtete: »(…) plötzlich bricht die Dämmerung herein und bleifarben liegt die weite Wasserfläche da. In seiner Mitte beginnt es wie ein Kreisen, wie ein Quirlen und Tanzen; sind es Nebel, die aufsteigen? Oder sind es die alten Müggelhexen, die lebendig werden, sobald das Licht aus der Welt ist? Der Fährmann von der Müggelbude hat sich zu mir gesetzt und ich dringe jetzt in ihn, mich über den See zu fahren, aber statt jeder Antwort zeigt er nur auf eine grauweiße Säule, die mit wachsender Hast auf uns zukommt.«

Im Jahr 2013 erschien die hochkarätig besetzte, absurde Komödie *Hai-Alarm am Müggelsee* in den Kinos, eine Satire auf Katastrophensehnsucht und Wutbürgertum. Vielleicht ist es kein Zufall, dass für den grotesken Trubel um etwas – vermeintlich – unheilvoll in der Tiefe Lauerndes ausgerechnet der saturnische Müggelsee ausgesucht wurde.

12 Löcknitz-Seenkette bei Erkner und Grünheide

Im Umkreis der Seenkette zwischen Erkner und Grünheide, ja vielleicht sogar noch weiter nordöstlich bis Kagel und Liebenberg liegt unmerklich etwas Poetisches in der Luft. Und Luft war auch der Grund, weswegen der lungenkranke Gerhart Hauptmann zwischen 1885 und 1889 nach Erkner in die Villa Lassen zog, die heute das Hauptmann-Museum beherbergt. Da nämlich die Abgase der großangelegten Teerfabrikation, die in Erkner im Zuge der Industrialisierung entstanden war, für gesund und heilsam erachtet wurden, galt der Ort zwischen 1888 und 1945 absurderweise als Luftkurort.

Obwohl sich Gerhart Hauptmann in Erkner als »entlegener Kolonist« fühlte und in den märkischen Wäldern, Seen und den »große(n) verlassene(n) Tümpel(n) mit Schlangenhäuten und Schlangen an ihren Ufern« vor allem »ihren unendlich tiefen, ernsten Akkord«, ihr »melacholisches Schweigen« verspürte, empfand er doch den Umzug, ja die »Flucht« aus Berlin in das Seengebiet als seine Rettung: »Ich fühlte das bei jedem Atemzuge, bei jeder Wanderung, die ich unternahm, ich spürte es, wenn ich als einziger bei Mondschein auf dem verlassenen Karutzsee Schlittschuh lief.« Dass dieses hochromantische Wintervergnügen auf dem Karutzsee, der einst zum Kurpark von Erkner gehört hatte, bei der angestammten Bevölkerung »Verwunderung und Argwohn« auslöste, focht Hauptmann nicht an, im Gegenteil verfasste er 1888 sogar das enthusiastische Gedicht *Eislauf*: »(...) Glückseliges Reisen, / die Welt an den Sohlen, / in eigenen Kreisen! // Vergessen, vergeben, / im Mondlicht baden; / hingaukeln und schweben / auf nächtigen Pfaden! / Sich selber nur leben!« Aber ihn faszinierten auch die dämonischen Mächte, die unter der Eisschicht lauern: »Man hörte im Winter das Krachen im Eise der Seen weit über Land und das sogenannte Seegebrüll, das Tönen des Wassers unter dem Eise, wie Tubaruf nach verlore-

LÖCKNITZ-SEENKETTE

ZUGANG: Über die Ortskerne von Erkner und Grünheide (Mark)

BADEN: Strandbäder oder Badestellen am Dämeritz-. Werl-, Peetz- und Möllensee

BOOTE: Verschiedene Verleiher von Booten, Kajaks und Flößen

ÖPNV: Ab Berlin mit der S-Bahn (Erkner) oder mit RE und Bus (Grünheide (Mark))

IN DER NÄHE: Gerhart Hauptmann-Haus Erkner

TIPP: Rundweg Naturlehrpfad »Leistikowweg« (3,5 km) um den Wupatzsee, Fahrradrundweg Erkner–Liebenberg um die Löcknitz-Seenkette (knapp 40 km)

BERLIN UND
BRANDENBURG
BeBra
VERLAG
ELSENGOLD

Karl-Heinz Gärtner, Jürgen Grothe u.v.m.

Ganz Berlin

Die schönsten Spaziergänge durch alle Stadtteile

480 Seiten, 13,5 x 21 cm, Paperback, 313 Abb., 24,– €
ISBN 978-3-8148-0276-3

Dieses Buch führt Kiez für Kiez durch Berlin. 60 Spaziergänge erschließen jeden Ortsteil in allen zwölf Bezirken und bieten zahlreiche Anregungen, sich unterwegs mit der Geschichte der jeweiligen Gegend zu beschäftigen.

Susanne Leimstoll

Stadtoasen in Berlin

Die schönsten Gartencafés, Biergärten und Draußenrestaurants

168 Seiten, 13,5 x 21 cm, Paperback, 204 Abb., 18,– €
ISBN 978-3-8148-0268-8

Dieser Band führt zu den schönsten Orten, an denen man in Berlin unter freiem Himmel einkehren und zugleich historisches Ambiente, herrliche Aussicht oder pure Natur genießen kann.

Nora Klinger / Gesine Palm

Berlin für Teenager

Die coolsten Orte zum Erleben, Staunen und Shoppen

176 Seiten, 13,5 x 21 cm, Paperback, 100 Abb., 15,– €
ISBN 978-3-8148-0295-4

Nora Klinger und Gesine Palm, zwei waschechte Berlinerinnen, stellen in diesem Buch über 50 Aktivitäten vor, die – mit und ohne Eltern – richtig Spaß machen: von Essen & Trinken über Shoppen & Sightseeing bis hin zu Sport & Spaß.

Frank Goyke

Sanssouci entdecken

Ausflüge in Potsdams schönstes Schloss- und Parkensemble

208 Seiten, 13,5 x 21 cm, Paperback, 202 Abb., 18,– €
ISBN 978-3-89809-220-3

Sanssouci – das ist nicht nur das bekannte Schloss von Friedrich dem Großen. Sanssouci ist auch der weitläufige Park, der zum UNESCO-Welterbe zählt. Frank Goyke führt in diesem Buch durch das weltberühmte Ensemble aus Gartenkunst und Schlossarchitektur.

Bernd Siegmund

Das Oderbruch entdecken

Ausflüge in eine faszinierende Region

176 Seiten, 13,5 x 21 cm, Paperback, 131 Abb., 18,– €
ISBN 978-3-86124-747-0

Das Oderbruch lockt mit einer unvergleichlichen Natur- und Kulturlandschaft, mit weiten Wiesen, alten Alleen und der steten Nähe zum Wasser – aber auch mit geschichtsträchtigen Orten, die einst unter Friedrich dem Großen angelegt wurden und in denen sich heute viele Künstler niedergelassen haben.

Armin A. Woy

Prignitz entdecken

Kultur und Landschaft im Nordwesten Brandenburgs

176 Seiten, 13,5 x 21 cm, Paperback, 157 Abb., 18,– €
ISBN 978-3-89809-218-0

Die Prignitz lockt mit ländlicher Idylle und weiten Landschaften, die geprägt sind von romantischen Fluss- und Bachläufen, von Wiesen, Wäldern und Feldern. Hier finden sich unzählige idyllische Dörfer mit alten Kirchen, Städte mit mittelalterlichem Stadtkern, archäologische Ausgrabungsstätten und außergewöhnliche Museen.

Christian Adam

Berlin

Eine kleine Geschichte

144 Seiten, 13 x 19,5 cm, geb./SU, 60 Abb., 20,– €
ISBN 978-3-8148-0266-4

Christian Adam erzählt in diesem Buch die Geschichte der Spreemetropole von den Anfängen im Mittelalter bis zum Beginn des 21. Jahrhunderts – anschaulich, kompakt und ergänzt um zahlreiche Abbildungen.

🇬🇧 ISBN 978-3-8148-0267-1

Harald Neckelmann

Der Tiergarten

Vom Jagdrevier zum Stadtpark

192 Seiten, 16,5 x 24,5 cm, Broschur, 104 Abb., 22,– €
ISBN 978-3-8148-0269-5

Was für New York der Central Park und für London der Hyde Park ist, das ist für Berlin der Tiergarten: Naherholungsgebiet und grüne Lunge inmitten der Metropole. Harald Neckelmann erzählt anhand von Orten und Monumenten die wechselvolle Geschichte des Tiergartens.

Maritta Tkalec

Geschichte Berlins in 60 Objekten

272 Seiten, 17,5 x 24 cm, geb./SU, 75 Abb., 28,– €
ISBN 978-3-8148-0282-4

Maritta Tkalec bringt 60 Gegenstände zum Sprechen, die als Zeugen der Vergangenheit für mehr als tausend Jahre Berliner Geschichte stehen.

Der Dämeritzsee ist ein Eldorado für die Freizeitschifffahrt.

ner Schlacht. Es klang wie dumpfer Titanenzorn.« In seiner Novelle *Fasching* gestaltet Hauptmann in dramatischer Weise den tödlichen Einbruch eines Segelmachers und seiner Familie ins Eis der zugefrorenen Löcknitz-Mündung am Flakensee während einer eisigen Mondnacht, denn, so der Autor, »die Seen verlangten alljährlich Opfer«. Seit 2012 trägt Erkner stolz den Beinamen »Gerhart-Hauptmann-Stadt«.

Mit Hauptmann eng befreundet war der Maler Walter Leistikow, der nicht nur im Grunewald, sondern auch in der Gegend um Erkner Motive für seine melancholischen Seengemälde suchte. Zu Leistikows Begräbnis 1908 pries Hauptmann den Künstler als einen, »der die düstere Kraft, Anmut und Monotonie (d)es breiten Wälder- und Seengürtels wie kein anderer geliebt und mit den Sinnen erschlossen hat«. Der östlich von Erkner gelegene Wupatzsee, der durch einen schmalen Stichkanal mit der Löcknitz verbunden ist, über die der Leistikowsteg führt, lässt sich auf dem 3,5 Kilometer langen Naturlehrpfad »Leistikowweg« umrunden.

Auch die DDR-kritische Schriftstellerin Helga M. Novak, die eng mit Grünheide, der Villenkolonie Fangschleuse und Erkner verbunden ist, wurde von der hiesigen Seenkette immer wieder zu atmosphärischen Gedichten inspiriert: »links verbirgt sich der Wupatzsee / unter Entenfedern rechter Hand der Wacholder / wie ein betrunkener Zimmermann mit Pelerine / [..] damit ich für-

Gerhart-Hauptmann-Museum, Badestelle am Peetzsee, Werlsee im Winter

Blick auf Grünheide und den Werlsee

derhin mein Leben friste / in einem Nest wie Fangschleuse z. B. / unauffällig / wie der Schatten des Wacholders bei Nacht?«

Ebenso wie Hauptmann ließ sich auch Helga M. Novak vom zugefrorenen Werlsee, Peetzsee und Möllensee zu atemlosen Gedichten über das *Eislaufen* anregen: »Löcknitz-Terrassen kurz vor Erkner / Müllers Dampfersteg dort sind wir gestartet / jeden Winter bei jedem Wetter Hauptsache Frost / in Schuhen mit rausgeschnittenen Spitzen / hastig die Schlittschuhe angeschnallt / (...) die Löcknitz der Werlsee der Peetzsee und gestritten / ›biegen wir ab oder weiter zum Möllensee?‹ / (...) die Elstern und Krähen flattern wie wir / und vorwärts über den Fluß in die schmalen Seen / (...) und schlecht hält das Eis unter Brücken / Grünheide / Werlsee Peetzsee Möllensee und zurück / umknicken einbrechen klatschnaß und bloß nicht nach Hause«.

Übrigens ist Grünheide, Ortsteil Alt Buchhorst, auch mit dem Regimekritiker Robert Havemann verbunden, der von 1976 bis zu seinem Tod 1982 in einem noch erhaltenen Sommerhaus nahe dem Möllensee lebte und zwischen 1976 und 1979 unter Hausarrest stand. Seine Witwe Katja Havemann war im September 1989 Mitbegründerin der Bürgerbewegung Neues Forum. An den Ufern der in Gedichten immer wiederkehrenden drei Seen, vor allem am Werlsee und am Peetzsee, die allesamt Strände mit feinem Sand aufweisen und gute Bade- und Angelgewässer sind, bauten sich betuchte Berliner große Sommerhäuser, in

Das Flakenfließ in Erkner, Wupatzsee mit Leistikowsteg

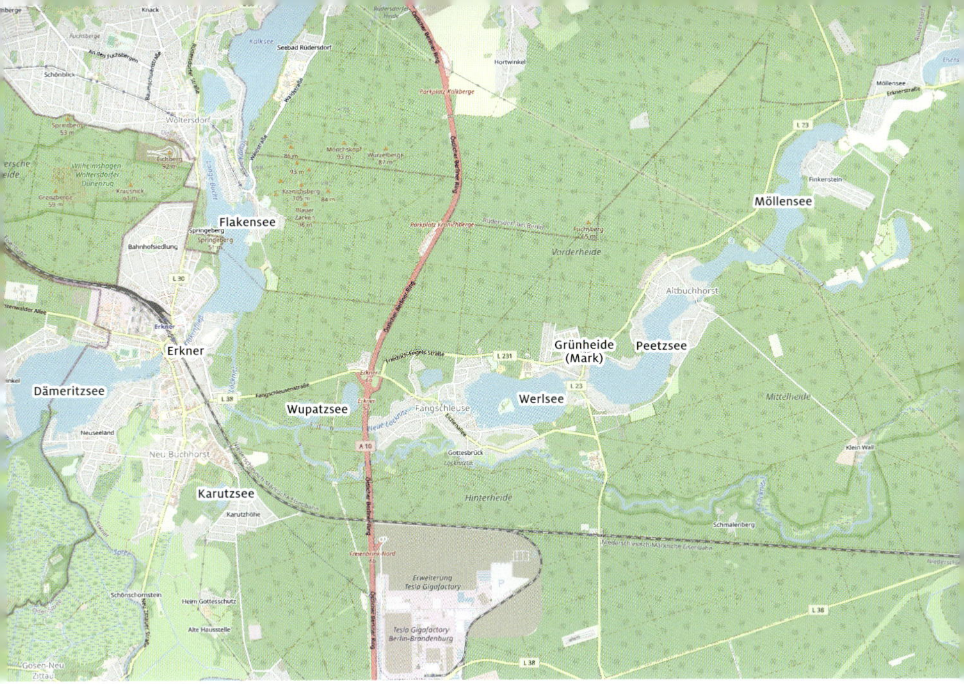

denen literarische Größen wie Gerhart Hauptmann, Wilhelm Bölsche, Bertolt Brecht und Ernst Rowohlt ihre Sommer verbrachten.

Bereits 1882 preist Fontane die reizvolle Löcknitz, diesen Nebenfluss der Spree, und ihre Seen: »Selbst die Namen werden poetisch: Alt-Buchhorst und Liebenberg, Klein-Wall und Gottesbrück und der Werl- und Möllensee dazwischen. Unmittelbar dahinter aber beginnt wieder die Prosa und schon die nächste große Wasserfläche heißt der ›Dämeritz‹.« Und es ist nicht nur der Dämeritzsee, der zur Ernüchterung führt, da er sich als Wasserdrehscheibe in drei Richtungen fest in der Hand der Freizeitschifffahrt befindet. Vor allem ist es das megalomane Tesla-Werk, die »Gigafactory«, die 2022 mitten im Wald südlich von Grünheide-Fangschleuse eröffnet wurde und seither fleißig Elektroautos produziert, sehr zum Verdruss von umweltbewussten Anwohnern, die das sowieso durch die heißen Sommer besorgniserregende Absinken des Grundwasserpegels nun zusätzlich durch die Tesla-Produktion beschleunigt sehen. Es steht zu befürchten, dass sich das Schwinden des Grundwassers nicht wird aufhalten lassen. Und sicher ist wohl, dass das Eislaufen aufgrund der Klimaerwärmung in Zukunft immer seltener wird seinen poetischen Zauber entfalten können.

13 Storkower Seenlandschaft

»Die Beeskower Hochfläche ist (…), auf Storkow zu, waldreich und an Wasser nicht arm. Seenketten, durch Fließe verbunden, die, heute kaum glaublich, früher Walk-, Schneide- und Mahlmühlen trieben, lassen ihr Wasser in Spree und Dahme fließen, oft auf Umwegen über andere Gewässer, so daß (früher zum Nutzen der Binnenschiffahrt und der Holzflößerei, heute zur Freude der Wassersportler) fast alle Seen auf Wasserwegen erreichbar sind.« So beschreibt Günther de Bruyn die Lage und die Verbindungen der Storkower Seenlandschaft in seinem Buch *Mein Brandenburg*. Und er fügt hinzu: »das Beste am ärmlichen Storkow (ist) seine Lage zwischen mehreren Seen«.

Einer dieser Seen ist der Wolziger See, der durch den unter Friedrich dem Großen angelegten Storkower Kanal mit dem Großen Storkower See verbunden ist. Der große, kreisförmige Wolziger See, der sich in einer Senke des Berliner Urstromtals gebildet hat, besitzt einen Fischereihafen und mehrere Yacht- und Sportboothäfen. An seinem Westufer liegt das Jugendbildungszentrum Blossin, in dem während der DDR-Zeit die Hochschule für Körperkultur Studierende für Wasserfahrsportarten ausbildete. Heute dient die Einrichtung naturnaher, was-

WOLZIGER SEE, GROSS SCHAUENER SEENKETTE UND GROSSER STORKOWER SEE

GRÖSSE: Wolziger See: 597 Hektar; Groß Schauener Seenkette: 1000 Hektar (Gebiet der Seenkette); Großer Storkower See: 370 Hektar
ZUGANG: Wolziger See: über Kolberg, Blossin oder Wolzig; Groß Schauener Seenkette: über den Ortskern Groß Schauen oder Wochowsee; Großer Storkower See: über den Ortskern von Storkow oder Dahmsdorf
BADEN: Wolziger See sowie Groß Schauener Seenkette: mehrere Badestellen; Großer Storkower See: Strandbad (Gastronomie, WC, Spielplatz), mehrere Badestellen
BOOTE: Wolziger See: Bootsverleih in Blossin; Großer Storkower See: Floßverleih Storkow, Ausflugsfahrten ab Bad Saarow
ÖPNV: Wolziger See: ab Königs Wusterhausen mit dem Bus; Groß Schauener Seenkette: Ab Storkow (Mark) mit dem Bus (Haltestelle »Groß Schauen«); Großer Storkower See: Ab Königs Wusterhausen mit dem RB nach Storkow
IN DER NÄHE: Jugendbildungszentrum Blossin, Naturdenkmal »Wurzelkiefer« in Wolzig, Salzweg mit Aussichtsturm am Schaplowsee bei Groß Schauen (8 km), Naturlehrpfad (1,5 km) mit Aussichtsturm am Groß Schauener See, Fischerei Köllnitz mit Fischereimuseum am Groß Schauener See, Burg Storkow, Schloss Hubertushöhe, jüdischer Friedhof am Storkower See
TIPP: Rundweg (16 km) um den Wolziger und den Kutzingsee; Rundweg (35 km) um die Groß Schauener Seenkette; Binnendüne Waltersberge mit Naturlehrpfad

Wildgänse an der Groß Schauener Seenkette

sersportlicher Erlebnispädagogik für Jugendliche und heißt auch polnische und französische Schüler willkommen.

Durch ein Fließ ist der Wolziger See mit der Groß Schauener Seenkette verbunden. Dieses sich aus sechs Seen zusammensetzende Wasserkonglomerat, das auf einer 35 Kilometer langen Fahrrad- bzw. Wanderroute umrundet werden kann, ist Teil der Heinz-Sielmann-Stiftung, die der berühmte Tierfilmer und Zoologe zusammen mit seiner Frau Inge 1994 ins Leben rief und die sich hier auf einer 1000 Hektar großen Fläche dem Erhalt der Seen und dem Schutz der Uferzonen mit Fischadlern, Milanen, Rohrdommeln und Fischottern verschrieben hat.

Die Seenkette lädt an etlichen Stellen zum Schwimmen und Angeln ein. Wie ertragreich der Fischfang ist, sieht man an der Fischerei Köllnitz am Nordufer des Großen Schauener Sees, die bereits 1209 von Kaiser Otto IV. urkundlich erwähnt wurde und die heute eine Fischgaststätte mit Hotel und Imbiss betreibt. Hier, inmitten dieser idyllischen Anlage aus Teichen, Kanälen und Brückchen am Ufer des Sees, befindet sich nicht nur ein Informationszentrum über die Heinz-Sielmann-Stiftung. Hier beginnt auch der etwa anderthalb Kilometer lange Naturerlebnisweg zu einem zehn Meter hohen, hölzernen Aussichtsturm, von dem aus sich ein großartiger Blick über die Seenlandschaft eröffnet. Fast könnte man meinen, der Ortsname Groß Schauen hinge mit den weiten Blicken

Steg am Großen Storkower See

zusammen. Kein Wunder also, dass sich östlich des Dorfes am gut acht Kilometer langen Salzweg ein weiterer Aussichtsturm findet, von dem aus nicht nur die Seen, sondern vor allem die Binnensalzwiesen zu überblicken sind, die, durch salzhaltige Einlagerungen aus dem Grundwasser gespeist, eine spezielle artenreiche Flora hervorbringen. In den angrenzenden Feuchtwiesen finden sich seltene Gewächse wie Sonnentau und Knabenkraut.

Aber so wie der Name Groß Schauen nichts mit Sehen oder Erblicken zu tun hat, sondern vom slawischen »Sowa« für »Eule« herstammt, führt das nahe Städtchen Storkow fälschlicherweise den Storch im Wappen. In Wirklichkeit geht der Name des Ortes, der bereits 1209 urkundlich erwähnt wurde und damit früher als Berlin, wohl auf das slawische Wort »Sturkouwe« für »Weg durch den Sumpf« zurück. Der gut fünf Kilometer lange, eiszeitliche Storkower See mit etlichen Bade- und Angelmöglichkeiten ist als Teil der Bundeswasserstraße kein ganz weltabgeschiedener See. Wer ihn am nördlichen Ufer mit dem Fahrrad zu umrunden beginnt, stößt auf die Binnendüne Waltersberge, die größte ihrer Art in Brandenburg, die sich mehr als 30 Meter über den See erhebt. Eiszeitlichen Ursprungs, wurde sie vor etlichen Jahrhunderten als Weinberg genutzt, bis um 1900 das Kalksandsteinwerk Storkow sie als eine unerschöpfliche Sandquelle für das boomende Berlin gebrauchte. Doch fiel nicht die gesamte Düne dem Raubbau zum Opfer. Seit 2011 führt ein Naturlehrpfad durch das immer noch

Burg Storkow, Binnendüne Waltersberge, Fischerei Köllnitz, Schloss Hubertushöhe

Jüdischer Friedhof Storkow am Ufer des Storkower Sees

eindrucksvolle Gelände, das teilweise mit Silbergras, Wald-Frauenhaar, Gewelltblättrigem Gabelzahnmoos und vielen anderen Dünengewächsen bedeckt ist. Vom höchsten Punkt der kahlen Sandlichtung öffnet sich ein weiter Blick über den Storkower See.

Auf der westlichen Seite des Sees liegt Schloss Hubertushöhe, ein um 1900 in einer originellen Mischung aus Neugotik und Schweizerstil erbauter Jagdsitz, der während der NS-Zeit zu einer »Gauschulungsburg« des BDM umgemünzt wurde. Heute steht das verspielte Gebäude Firmen- und Familienfeiern offen und soll von einem ambitionierten Kunst- und Literaturpark umgeben werden. Die nördlich gelegene Burg Storkow widmet sich heute Ausstellungen zu Natur und Umwelt. Der kleine jüdische Friedhof aus dem 19. Jahrhundert direkt am Nordufer des Sees hat die NS-Barbarei überstanden und zählt zu den gut erhaltenen jüdischen Friedhöfen Brandenburgs.

Storkow ist auch mit einer widersetzlichen Aktion gegen das DDR-Regime verbunden. 1956 nämlich legte eine Storkower Abiturklasse eine Schweigeminute für die Opfer des Volksaufstands in Ungarn ein, woraufhin die Abiturienten verfolgt und der Schule verwiesen wurden und größtenteils in die Bundesrepublik oder nach West-Berlin fliehen mussten. Einer dieser Schüler, Dietrich Garstka, verfasste 2006 ein Buch über diese Ereignisse, auf dessen Grundlage dann 2018 der preisgekrönte Film *Das schweigende Klassenzimmer* entstand.

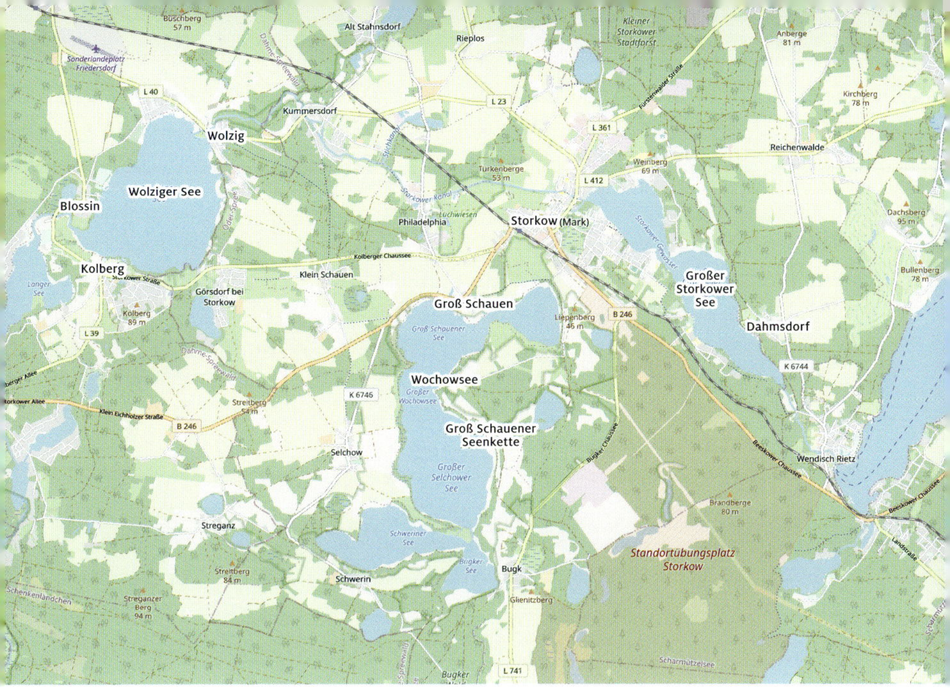

Übrigens können etymologische Missverständnisse durchaus etwas Gutes nach sich ziehen. So führt das fälschliche Storch-Wappentier zu internationalen Verbindungen, die gar nicht so ärmlich sind, gehört doch Storkow zur Europäischen Vereinigung der Storchenstädte und pflegt auf diese Weise partnerschaftliche Kontakte zu Orten in Lettland, Litauen, der Slowakei, Tschechien, Belarus und der Ukraine. Und nicht zu Unrecht. Denn Störche wird man immer wieder über der Storkower Seenlandschaft kreisen sehen.

14 Scharmützelsee und Bad Saarow

Hätte Fontane dem Scharmützelsee nicht den schmeichelhaften Beinamen »Märkisches Meer« verliehen, die hiesige Tourismusbranche hätte ihn erfinden müssen. Jedenfalls schmücken sich die Seeanrainer, allen voran Bad Saarow, nur zu gerne mit ihrer Lage am märkischen Meeresufer. Dabei konnte Fontane 1881 dem See selbst zwar eindrückliche Naturempfindungen abgewinnen, die vor allem von »tiefem Ernst«, »Einsamkeit und Stille« geprägt waren: »Nirgends ein Fischerboot, das Netze zog oder Reusen steckte, ja kaum ein Vogel, der über die Fläche hinflog. (I)ch hörte nichts als den Windzug in den Binsen und das leise Klatschen der Wellen.« Aber beim Besuch der am See liegenden Dörfer kam Fontane zu keinerlei günstigen Urteilen. Nachdem eine Einheimische seine eigenen Eindrücke mit den prägnanten Worten »veel is hier nich in Saarow« auf den Punkt gebracht hatte, ließ er sich von zwei tatkräftigen Kindern über den eiszeitlichen Rinnensee zum »unwirtlichen Pieskow« hinüberrudern, wo er ein preußisches Schulhaus in einer »Mischung von Backsteinsauberkeit und Stiljammer« erblickt.

Das sollte sich 20 Jahre später mit der Entdeckung der Saarower Sole-Thermalquelle und den mineralstoffreichen Moorvorkommen, die gegen Hautkrankheiten wirksam sind, schlagartig ändern. Ab 1906 entstand eine großbürgerliche Villenkolonie, an der der Landschaftsarchitekt Ludwig Lesser und der Architekt Ludwig Kopp maßgeblich beteiligt waren. Sollte Lesser später mit seinen zentralen öffentlichen Platzgestaltungen in Frohnau, Hermsdorf und Staaken das Gesicht der Berliner Vorstädte prägen, so erbaute Kopp 1911 auch den Saarower Bahnhof im eleganten Bäder-Stil einer Brunnenkolonnade. Als dann 1914 ein Moorbad eingerichtet und Saarow 1923 zum Bad erhoben wurde, brachen goldene Zeiten an. Eine Künstlerkolonie entstand im nahen Pieskow, die im Volksmund wegen der unentwegt an den Architekten herumkritisierenden Bauherren »Meckerndorf« genannt wurde, woran noch heute ein entsprechen-

SCHARMÜTZELSEE

GRÖSSE: 1210 Hektar
BADEN: Zahlreiche Strandbäder und Badestellen
BOOTE: Bootsverleih an verschiedenen Badestellen, Bootsrundfahrten ab Bad Saarow
ÖPNV: Ab Fürstenwald (Spree) mit dem Bus nach Bad Saarow
IN DER NÄHE: SaarowTherme, Kurpark und Fontanepark mit Literaturpfad in Bad Saarow
TIPP: Fahrradrundweg um den See

Scharmützelsee mit Yachthafen und Ferienhäusern

der Straßenname erinnert. Nach Bad Saarow selbst zog es Prominente, und sogar internationale Gäste suchten hier Erholung. So hielt sich 1922/23 Maxim Gorki zehn Monate am Scharmützelsee auf, dem zu Ehren 1968 das Maxim-Gorki-Denkmal auf dem Hof der gleichnamigen Schule errichtet wurde. Berühmter Schüler der Oberschule war übrigens um 1950 der Schriftsteller Hans Joachim Schädlich.

Zu den glamourösen Prominenten, die in Bad Saarow oft Villen direkt am See erwarben, gehörten die Schauspielerin Käthe Dorsch, ihr Ex-Mann, der Schauspieler Harry Liedtke, seine neue Frau, die Schauspielerin Christa Tordy, der NS-Bildhauer Josef Thorak und der Boxer Max Schmeling, der 1933 die Villa des emigrierten jüdischen Malers Bruno Krauskopf übernahm und dessen Boxerfolge in den USA vom NS-Regime propagandistisch ausgeschlachtet wurden. Die Villen jüdischer Künstler und Schauspieler wurden während der Novemberpogrome systematisch zerstört oder beschlagnahmt. Der Gestalter der Villenkolonie Ludwig Lesser, ein Verfechter der Volkspark-Idee, hätte sich als Jude nicht mehr in den von ihm entworfenen Park- und Gartenanlagen aufhalten dürfen, wenn er nicht schon nach Schweden geflohen wäre. Etwa 700 Häftling aus dem KZ Sachsenhausen mussten in Bad Saarow Zwangsarbeit für die SS leisten. Als die Rote Armee das Bad erreichte, versuchte Harry Liedtke, der mit Baldur von Schirach befreundet war und auf der Gottbegnadeten-Liste für Schauspieler

Bahnhof im Bäderstil und ehemaliger Wasserturm mit außergewöhnlichem Hotel in Bad Saarow

stand, seine Frau vor Vergewaltigungen zu schützen, wurde aber mit ihr zusammen umgebracht.

Während der DDR-Zeit waren die größten Teile Bad Saarows etwa 40 Jahre lang für die Öffentlichkeit unzugänglich, weil hier sowohl die NVA mit der Militärmedizinischen Akademie der DDR als auch die Rote Armee umfangreiche Anwesen besaßen. Allerdings durfte sich hier der linientreue Schriftsteller Johannes R. Becher in seinem Sommerhäuschen, das er »Traumgehäuse« nannte, niederlassen. Erst nach 1989 wurde das sowjetische Sanatorium für die Allgemeinheit geöffnet und 1998 entstand ein neues Thermalbad. Seither trägt Bad Saarow stolz die Auszeichnung »Heilbad«.

Heute ist Bad Saarow ein eleganter Ort mit Kurpark, Fontanepark und Kurhaus, mit Leuchtturm und Therme, mit einer nach Ludwig Lesser benannten Seepromenade und einem historischen Strandbad. Der zehn Kilometer lange, schmale Scharmützelsee mit seinen beiden von Kormoranen bewohnten Inselchen lädt zum Angeln, Tauchen und Segeln, zu Sportboot- und Ausflugsdampferfahrten ein und verspricht mit fast 30 Badestellen Erfrischung im Seewasser.

Umrunden lässt sich der Scharmützelsee mit dem Fahrrad. An seinem östlichen Ufer passiert man Diensdorf-Radkow mit herrlichen Seeblicken. Hier besaß das kommunistische Schriftstellerpaar Fritz Erpenbeck und Hedda Zinner, die Großeltern der Schriftstellerin Jenny Erpenbeck, ein reetgedecktes Haus.

Über Wendisch-Rietz an der Südspitze des Sees mit Schleuse, Hafen, Parkanlagen und weiten Blicken über die unendliche Wasserfläche, gelangt man am westlichen Ufer nach Bad Saarow Strand. Hier hat, in gedanklicher Anlehnung an die Villenkolonie, der Stararchitekt David Chipperfield direkt am See elegante Luxusapartments entworfen, in denen sich Architektur, See und Kiefernwald zu einer Symbiose vereinen. Die neuen Bewohner sollen in den hohen, großen Räumen und beim Schwimmen im See, beim Segeln und im Spa-Bereich »die Erfahrung der eigenen körperlichen Anwesenheit« machen, wie einer der unter Chipperfield tätigen Architekten es ausdrückt. Fast wie eine Ironie der Geschichte wirkt die Adresse dieses neuen Wohlfühlparadieses: Es ist der Friedrich-Engels-Damm, der quasi parallel zum Karl-Marx-Damm auf der anderen Seeuferseite verläuft. Man kann nur hoffen, dass hier keine Gated Community entsteht, sondern, gemäß den Volkspark-Ideen von Ludwig Lesser, eine Ufer-, Promenaden- und Strandgestaltung, die allen offensteht.

15 Helenesee

Der Helenesee bei Frankfurt/Oder ist eine Institution. Hier, an den kilometerlangen Badestränden, hatte der größte Campingplatz der DDR seinen Platz. Unter den damals 25.000 Tagesgästen befanden sich in den späten achtziger Jahren auch zwei der Protagonisten aus Jenny Erpenbecks Roman *Kairos* (2023): »Wir haben einen Fahrradausflug gemacht (...), zur Helene. Wer ist Helene? Der Helene-See. Ihr wart baden? Ja, hat sie gesagt, das Wasser ist immer noch warm genug.«

Auch der Journalist und Schriftsteller Uwe Rada erwähnt in seiner Schlaubetal-Reportage *Siehdichum* die »Kleine Ostsee« oder »Ostsee von Brandenburg«: Sie »ist ein gefluteter Tagebau. 1958 wurde der Helenesee der Freizeitnutzung übergeben. Mit dem Katjasee zusammen ist die Helene der sauberste Badesee Brandenburgs. Dem Braunkohletagebau sei Dank.«

Tatsächlich ist der Helenesee, der durch einen »Kongo« genannten Kanal mit dem Katjasee verbunden ist, kein natürlicher, von der Eiszeit geformter See, sondern ein künstliches Gewässer. Das ist Segen und Fluch zugleich.

Als zu Beginn des 20. Jahrhunderts in dieser Region mit dem Abbau von Braunkohle begonnen wurde, die dann dem 1923 errichteten, östlich gelegenen Kraftwerk Finkenheerd als Heizmaterial diente, entstanden zwischen 1932 und 1948 die Braunkohletagebau-Grube Katja und zwischen 1943 und 1958 die Grube Helene. Während des Zweiten Weltkriegs mussten etwa 500 Gefangene des NS-Regimes Zwangsarbeit im Kraftwerk leisten.

Als die im Oder-Spree-Seengebiet liegenden Abbaulöcher begannen, mit Grundwasser vollzulaufen, wurden sie in der DDR-Zeit für Camper und Badegäste geöffnet, was sich als Segen erwies. Denn nicht nur ist die Wasserqualität des fast 60 Meter tiefen, von Kiefernwäldern umgebenen Sees bis heute eine der besten in Brandenburg.

HELENESEE

GRÖSSE: 220 Hektar
ZUGANG: Über das Strandbad
BADEN: Strandbad (derzeit geschlossen)
BOOTE: Bootsverleih am Strandbad (derzeit geschlossen)
ÖPNV: Ab Frankfurt (Oder) mit dem RB

IN DER NÄHE: In Frankfurt/Oder: Kleistmuseum, Brandenburgisches Landesmuseum für Moderne Kunst, Insel Ziegenwerder (Oderinsel)
TIPP: Im Sommer finden zahlreiche Veranstaltungen und Festivals am Seeufer statt

Helenesee mit ausgedehntem Badestrand

Der Helenesee ist zu einem perfekten Freizeitkosmos mutiert. Mit seinen Bungalowsiedlungen und Zeltplätzen, Restaurants und Strandbars, seiner Surf- und Tauchschule, dem Zwei-Personen-U-Boot Nemo 100, seinen Kinderbelustigungen und Strandpartys mit Live-Bands und Disco-Abenden, dem Helene Beach Festival mit 30.000 Fans, dem traditionsreichen Neptunfest für Familien und dem Hippie-Festival »Bucht der Träumer« mit teils ruhig-spiritueller, teils laut schallender Elektromusik erfreut er sich größter Beliebtheit.

Die stolze Zahl von 120.000 Gästen pro Tag während der Saison, die aus der näheren Umgebung, aber auch aus Berlin und von jenseits der nahen polnischen Grenze herbeiströmen, bedarf keines weiteren Kommentars.

Taucher können im Helenesee nicht nur eine aufregende Unterwasserfauna mit Fischschwärmen und Hechten sowie im See versunkene Bäume entdecken, sondern auch steile Abbruchkanten mit Kohleflözen und die gemauerten Sockel abgeteufter Schächte, vor deren näherer Untersuchung aus Gründen der Einsturzgefahr allerdings gewarnt wird.

Gut möglich, dass in der tiefsten Tiefe des Sees auch noch Lokomotiven und Braunkohle-Loren verborgen liegen.

So weit der Segen, wenngleich gegen den Lärm der kilometerweit schallenden Bässe der Partys und Festivals immer wieder Proteste von ruhebedürftigen Anwohnern laut werden.

Kleistmuseum, Oderinsel Ziegenwerder, Brücke auf die Insel Ziegenwerder in Frankfurt/Oder

Der Fluch aber besteht in den künstlichen Ufern des Helene- und des Katjasees. Da es von Beginn an immer wieder zum Abrutschen der Böschungen kam, musste schon in den 1970er Jahren das Nord- und Westufer unter Aufwendung enormer Mittel gesichert werden, um einen gefahrlosen Badebetrieb zu gewährleisten.

Doch seit 2021 sieht es traurig aus am Helenesee. Kilometerlang ziehen sich Absperrgitter auf dem Strand dahin, die das Baden im See verhindern. Denn aufgrund der ausbleibenden Niederschläge der letzten Jahre, des abgesunkenen Grundwasserspiegels und des dadurch niedrigen Wasserstands rutschte am Nordstrand ein 15 Meter breites Stück der Böschung ab, weswegen das Baden riskant geworden ist. Die schon durch die Corona-Maßnahmen gebeutelten Festival-Veranstalter und Einrichtungen am Ufer des Helenesees müssen nun ernsthaft um ihre Existenz bangen, da man allgemein davon ausgeht, dass die Strände nach den Sanierungsarbeiten frühestens im Jahr 2026 freigegeben werden, wenn nicht sogar später.

Zwar gibt es Versuche, diese lange Durststrecke mit Beachfesten und Studentenpartys, einem publikumswirksamen Belustigungsprogramm sozusagen auf Sparflamme, zu überbrücken. Aber ein vollständiges Vergnügen wird es erst wieder sein, wenn man von den Sandstränden ungehindert ins Wasser rennen kann.

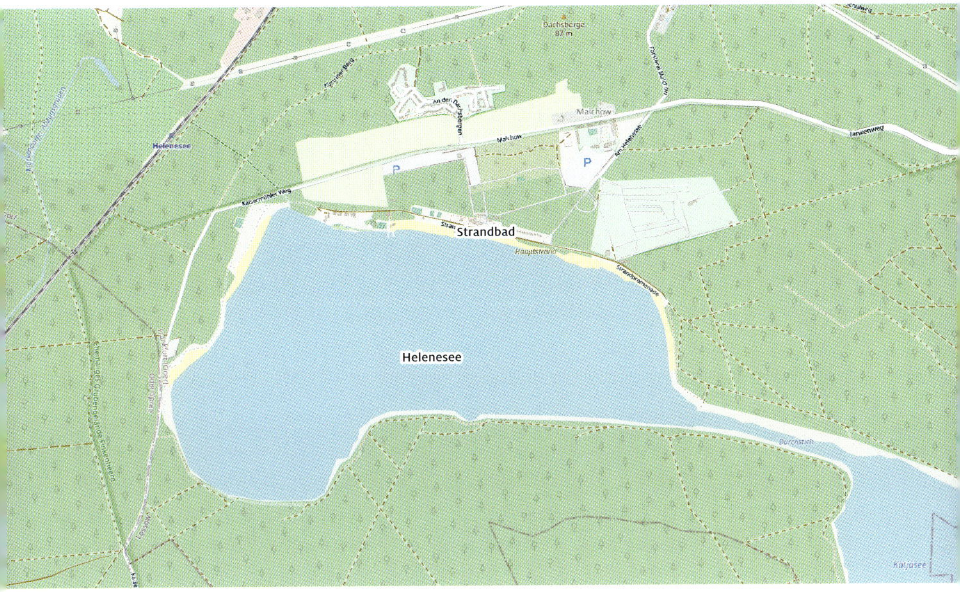

Und auch dem Auge werden dann die weggeräumten Gitterzäune wohltun, diese störenden Barrieren, die das blau-gelb-grüne Ensemble aus Wasser, Strand und Kieferngürtel zerschneiden. Aber natürlich muss zunächst die Sicherheit der Erholungssuchenden gewährleistet sein, damit sich nicht der Teufelsfluch wiederholt, wie er in der Merianschen Beschreibung von »Franckfurt an der Oder«, zu dessen Stadtgebiet der Helenesee ja gehört, zu lesen ist: »1629 hat sich viel Teufels-Gespenst alhie sehen / und verspüren lassen. Selbiges hat auch in zwölff Personen unerhörter / und schröcklicher Weise die Hälse zerbrochen«.

16 Großer Müllroser See und das Schlaubetal

Das Städtchen Müllrose, dessen eigenwilliger Name entweder vom slawischen Wort »Melrad« für kleine Furt oder vom sorbischen Eigennamen Milorad herstammen soll, gilt mit seiner Lage am Ufer des Kleinen und Großen Müllroser Sees als das Tor zum Schlaubetal. Diese etwa 27 Kilometer lange eiszeitliche Schmelzwasserrinne bildet eine Seenkette, verbunden durch das Flüsschen Schlaube, über das bereits in der Merianschen Beschreibung von 1652 zu lesen ist, es sei ein Gewässer, das »vielen Kupffer- und Eysenhämmern dienet«. Das Wasser der Schlaube, das sich in Müllrose in einem kleinen Hafenbecken sammelt, fließt von dort aus gemächlich in den Kleinen Müllroser See und mündet dann in den direkt angrenzenden Oder-Spree-Kanal.

Die Müllroser Seen sind beliebte Angelgewässer, in denen sogar die seltenen Graskarpfen zu finden sind, die in der DDR-Zeit von sowjetischen Soldaten mitgebracht und hier heimisch gemacht wurden. Zwei Strandbäder am West- und am Ostufer mit sanft abfallenden Stränden aus feinstem Sand und großen Liegewiesen, ein neun Kilometer langer Rundwanderweg um den See, eine Seepromenade mit Bühne für Konzerte, regelmäßige Höhenfeuerwerke über dem See und nicht zuletzt die gute Luft machen Müllrose mit seiner bedeutenden Mühle zu einem staatlich anerkannten Erholungsort. Das hiesige Klima wurde sogar für derart heilsam befunden, dass 1907 westlich des Großen Müllroser Sees die Lungenheilstätte Gut Zeisigberg eröffnet wurde, ein sehenswerter Komplex, in dem sich Jugend- und Heimatstil mischen und in dem heute ein Seniorenheim untergebracht ist. Ein Kuriosum stellt der historische Tierfriedhof für verunglückte Wald- und Seetiere dar, die verkleidete Anstaltsinsassen hier in Miniatursärgen bestatteten und derer mit humorvoll gereimten Sprüchen gedacht wurde: »Geschlagen hat die letzte Stund' / für diesen Hecht von 14 Pfund. / Er ist im See ertrunken / und hat schon sehr gestunken.«

GROSSER MÜLLROSER SEE

GRÖSSE: 132 Hektar
ZUGANG: Über den Ortskern von Müllrose
BADEN: 2 Strandbäder (Imbiss, WC und Liegewiese)
BOOTSVERLEIH: Bootsverleih am Strandbad (Ostufer)
ÖPNV: Ab Frankfurt (Oder) mit dem RB
IN DER NÄHE: Mühlenmuseum in der Ragower Wassermühle, Naturlehrpfad, Naturschutzzentrum Schlaubemühle
TIPP: Rundweg um den Großen Müllroser See (9 km), Schlaubetalwanderung von Müllrose bis Schlaubemühle am Wirchensee (27,5 km)

Großer Müllroser See (links) und Katharinensee (rechts) in Müllrose

Südlich des Großen Müllroser Sees beginnt das Naturschutzgebiet Schlaubetal mit seinen Wäldern, Wiesenlandschaften, Seen und offenen Moorteichen, seinen wollgrasbewachsenen Verlandungsgebieten und Hochmoorflächen, seinen Forsthäusern und Mühlen. Hervorzuheben ist die Ragower Wassermühle, die nicht nur eine beliebte Ausflugsgaststätte beherbergt, sondern im Mühlenmuseum die historische Mühlentechnik von 1810 lebendig werden lässt.

Der Fluss-Porträtist und Schlaubetal-Experte Uwe Rada, der den Namen des einstigen Forsthauses »Siehdichum«, heute Gaststätte, zum Titel seines heimaterforschenden Buches machte, zitiert einen früheren Oberförster, der dem tief eingeschnittenen Bachtal der Schlaube »Ähnlichkeit mit den herrlichsten Gebirgsgegenden« bescheinigte. Ab Kupferhammer in Richtung Schlaube-Quelle beginnt dann ein See in den anderen überzugehen. Verbunden mit dem Schulzenwasser ist der Lange See, gefolgt vom Schinkensee, dessen Form Uwe Rada mit dem Berliner Schlachtensee vergleicht, da er sich ebenso »krümmt und schlängelt wie ein Wurm«. Die Seenkette setzt sich fort mit dem Hammersee, der sich in einer Stunde aufs Angenehmste umwandern lässt, und öffnet sich dann zum Großen Treppelsee mit seiner weitläufigen Badestelle. Da das historische Fachwerkgebäude der ufernahen Bremsdorfer Mühle 2022 durch einen Brand stark beschädigt wurde, ist die Zukunft der dortigen Gastronomie ungewiss.

Bremsdorfer Mühle, Brücke im Schlaubetal

Zwar weisen alle Seen im Schlaubetal reiche Fischbestände auf und sind hervorragende Angelgewässer, die Vergabe einer Angelerlaubnis ist allerdings aus Naturschutzgründen eingeschränkt.

So, wie die Müllroser Seen im Norden das Ende des Schlaubetals bilden, so markiert der südlich gelegene Wirchensee seinen Anfang. Baden ist hier nicht gestattet und Bootfahren sowie Angeln sind nur sehr bedingt erlaubt. Auf dem vier Kilometer langen Naturlehrpfad von der Schlaubemühle, in der die Naturparkverwaltung untergebracht ist, zur Kieselwitzer Mühle, entlang diverser Teiche und Seen, wird die Niederlausitzer Sagenwelt mit ihren »Ludki« lebendig, kleine Wesen, die auf die von den Wenden zurückgedrängten und daraufhin sehr unbemerkt lebenden Germanen zurückgehen sollen.

Ist das Schlaubetal mit seinen abwechslungsreichen Wanderwegen und seinen vielen Bade- und Angel-Seen von eher freundlich-heiterem Charakter, so haftet dem parallel verlaufenden, westlich gelegenen Oelsetal mit seinen ehemaligen Torfstichen, die mittlerweile zu Seen geworden sind, etwas Düsteres an. Dort, »wo Erlen ihre Totengebete halten« und wo das Wasser der Seen, die sich nicht zum Baden eignen, trübe und schlierig ist, öffnet sich eine verschwiegene Seenlandschaft voller sehnsüchtiger Melancholie, eindrucksvoll beschrieben von Uwe Rada, der zwischen Schlaubetal und Oelsetal ansässig ist: »Eine Tarkowski-Landschaft, dachte ich augenblicklich (...). Wäre *Stalker*, der

Film des sowjetischen Regisseurs Andrej Tarkowski, nicht in Pitita bei Tallinn, sondern in Brandenburg gedreht worden, müsste er genau an dieser Stelle spielen. Vor uns breitete sich eine Landschaft aus, geheimnisvoll, schweigsam und fast gespenstisch unberührt. In die Mitte des schmalen Sees ragte von Norden eine Landzunge, bestanden mit Totholz, die Erlenstämme steckten in kleinen Grüppchen im Sumpf, über ihnen übten Kraniche den Flug in den Süden. Kahle, astlose Stämme, die sich im Wasser spiegelten und etwas Unheimliches ausstrahlten, als ob sie zur unbewohnten Zone unseres Bewusstseins gehörten.«

17 Schwielochsee

Der von einem breiten Schilfgürtel umgebene Schwielochsee ist der größte natürliche See in Brandenburg. Der Legende nach soll die Schweineherde eines Wendenkönigs an der Stelle geweidet haben, wo jetzt der See liegt, einst aber ein Wald aufragte. Eine riesige Sau, die besonders tief in der Erde wühlte, setzte mit einem Mal eine mächtige Quelle frei, die anschwoll und schließlich mit ihren Wassermassen die Gegend überschwemmte und zum See werden ließ, in dessen Fluten Schweine und Bäume versanken. So leitet die – deutschsprachige – Volksetymologie den Namen des Schwielochsees von »Schweineloch« her. Der Wendenkönig aber, der seine Wildhüter für die Sintflut verantwortlich machte, brachte sie schließlich voller Zorn eigenhändig um, worauf noch heute der rötliche Farbton einer Quelle am Schwielochsee hinweisen soll. Aufgrund des Racheflfuchs, den einer der Wildhüter kurz vor seinem Ende ausstieß, besteht seither der Glaube, dass der See jedes Jahr ein Opfer fordert.

Heute ist der Schwielochsee ein in Ostbrandenburg und Sachsen beliebtes Freizeitgewässer. Er weist eine hervorragende Wasserqualität auf und besitzt daher eine reiche Flora und Fauna. Amöbenartig zwischen Feldern und Wäldern ausgestreckt, bildet er im Süden bei den Ortschaften Jessern und Goyatz den Kleinen Schwielochsee, der durch eine Verengung namens »Hals« mit dem Großen Schwielochsee verbunden ist. Südwestlich des eiszeitlichen Gewässers beginnt der Spreewald, aus dem sich die Spree Richtung Schwielochsee herausschlängelt, dessen nördlichen Teil sie durchfließt. Auf die Eiszeit weisen auch die vielen Findlinge hin, die sich im und am See finden, Geröll, das sich vor Tausenden von Jahren mit den Eismassen aus Skandinavien herschob und nach dem Abtauen zurückblieb.

Der Schwielochsee war mit seiner maximalen Tiefe von 14 Metern in den Jahrhunderten bis zum Eisenbahnbau eine wichtige Wasserstraße, über die der Spreewald mit Waren versorgt wurde und die Spreewaldprodukte nach Berlin

SCHWIELOCHSEE

GRÖSSE: 1330 Hektar
BADEN: Mehrere Badestellen (teils mit Imbiss und WC)
BOOTE: Floßstation in Schwielochsee/OT Zaue, Bootsverleih in Tauche OT Trebatsch
ÖPNV: Ab Lübbenau (Spreewald) mit Bussen nach Schwielochsee
IN DER NÄHE: Burg Beeskow mit Heimatmuseum
TIPP: Wander- und Radwege entlang des Seeufers, darunter auch ein Rundweg

Herbststimmung am Schwielochsee

und weiter transportiert werden konnten, war und ist doch der See bis heute nicht nur mit Berlin, sondern auch mit der Ost- und der Nordsee verbunden. Wichtigster Warenumschlagplatz für Kähne in den und aus dem Spreewald war einst das am südlichen Ende des Schwielochsees gelegene Goyatz.

In Zukunft wird der Schwielochsee wohl eine ganz andere Funktion übernehmen müssen. Denn durch die Flutung der Tagebau-Seen in der Lausitz tritt nun in der Spree massiver Wassermangel auf, war doch zuvor das aus dem Tagebau abgepumpte Grundwasser in den Fluss geleitet worden, was etwa die Hälfte seines Wassers ausmachte. Nun wird befürchtet, dass die Spree in sehr heißen Sommern stellenweise sogar ganz austrocknen und somit die Berliner Trinkwasserversorgung gefährdet sein könnte. Die Abhilfe, die zurzeit händeringend ersonnen wird, sieht unter anderem vor, nicht nur den Cottbuser Ostsee, sondern auch den Schwielochsee zu einem gigantischen Wasserspeicher auszubauen. Noch aber ist der Schwielochsee ein weitläufiges Freizeitgewässer mit Badestränden, Bootsverleih, Angelmöglichkeiten und Campingplätzen, ein See, auf dem man rudern, segeln, surfen, Wasserski und Motorboot fahren kann. Er ist nicht nur Ausgangspunkt für Wasserwanderer, sondern kann auch auf Rad- und Wanderwegen ganz umrundet werden. Günther de Bruyn aber empfiehlt, den Schwielochsee eher zu meiden, da es dort Hotels, Zeltplätze, Imbissbuden und vor allem »lästige Besucher« gebe, von denen er sich als »ruhebedürftiger

Abendstimmung am Schwielochsee, Burg und Rathaus Beeskow

Individualist« absetzte. Als solcher hatte er sich etwa zehn Kilometer weiter nordwestlich in sein einsames Haus am Blabbergraben zurückgezogen, wo er 2005 sein Buch *Abseits. Liebeserklärung an eine Landschaft* verfasste, ein Buch, auf das die Kritik zwiespältig reagierte: Sprachen die einen von »wohltemperierter Redlichkeit«, mit der de Bruyn in der scheinbaren Monotonie der Landschaft zahllose, fein nuancierte Reichtümer entdecke, so verglichen die anderen die Lektüre des Buches mit einem »Nachmittag in einem staubigen Heimatmuseum«.

Apropos Heimatmuseum: In der berühmten Burg des Städtchens Beeskow, das wenige Kilometer nördlich des Schwielochsees liegt, wurde vor einiger Zeit das Heimatmuseum mit verstaubten Töpfen und Münzen unter dem Motto »Preußen raus, Alltag rein« zu einem lebendigen Museum mit offenem Konzept und aktuellen Jahresthemen umgestaltet. Im Atelierhaus der Burg, in der Freilichttheateraufführungen und Konzerte stattfinden, verbringen die jeweiligen Beeskower Burgschreiber und Burgschreiberinnen, darunter Ines Geipel, Katja Lange-Müller und Henryk Bereska, ihre sechsmonatigen Aufenthalte. Die Stadtmauer ist mit einigen Türmen fast ganz erhalten und die backsteingotische Kirche, die im Zweiten Weltkrieg beschossen wurde und in Brand geriet, angefacht von den hier eingelagerten Büchern aus der Berliner Staatsbibliothek, ist heute wieder aufgebaut.

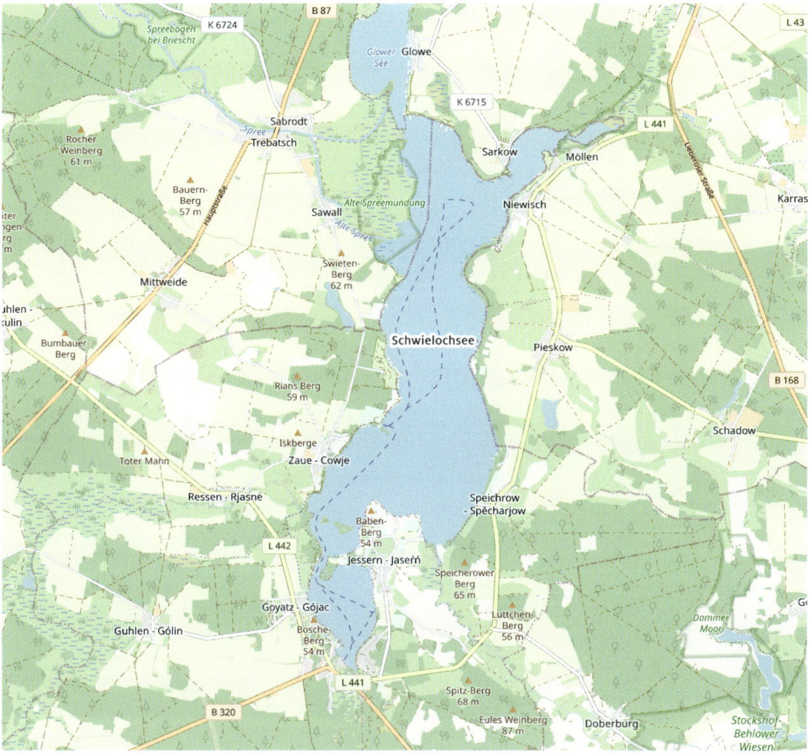

Übrigens gab es nicht nur im nordöstlich des Schwielochsees gelegenen Friedland ab dem 18. Jahrhundert eine große jüdische Gemeinde mit Synagoge und Friedhof, was dem Ort den Beinamen »Jüdisch Friedland« eintrug. Auch bei Beeskow ist ein jüdischer Friedhof erhalten, der allerdings seit 1988 mehrfach mit Hakenkreuzen und judenfeindlichen Sprüchen beschmiert wurde, was Günther de Bruyn bei seiner idyllisierenden Annäherung wohl außer Acht gelassen hat: »Den Opfern der Judenverfolgung kommt man auf dem kleinen, im Walde gelegenen jüdischen Friedhof von Beeskow näher als zwischen den Betonkolossen, mit denen Berlin an deutsche Schandtaten erinnert.«

Auf jeden Fall aber sollte man sich vom spöttischen Satz Fontanes über diesen Ort, aus dem übrigens seine Frau stammte – »Beeskow ist nicht so schlimm, als es klingt« –, nicht von einem Besuch des historisch reichhaltigen, lebendigen Städtchens abhalten lassen, von dessen Bergfried aus sich ein weiter Rundumblick über die Spreelandschaft öffnet, die in südlicher Richtung in die riesige blau-graue Wasserfläche des Schwielochsees übergeht.

18 Lausitzer Seenland, brandenburgischer Teil

Wer das »Seehotel Großräschen« am Großräschener See besucht, wird seinen Augen nicht trauen: Weit über 100 berühmte Gemälde wie Leonardo da Vincis *Mona Lisa*, *Das Mädchen mit dem Perlenohrring* von Vermeer oder die *Kreidefelsen auf Rügen* von Caspar David Friedrich sind hier zu bewundern. Ausgestellt sind sie im höchst originellen »Fälschermuseum«, das die verwirrend echt wirkenden Kopien bekannter Kunstwerke zeigt, meisterhaft angefertigt von den russischen Brüdern Evgeni, Michael und Semjon Posin.

Mit einem ähnlichen Blick, in dem sich Argwohn und Bewunderung mischen, lässt sich auch auf die Gewässer des Lausitzer Seenlands, zu denen der Großräschener See gehört, blicken: Nichts ist hier echt, kein See ist natürlichen, eiszeitlichen Ursprungs, ein jeder ist künstlich, teilweise gerade erst im Entstehen begriffen. Und doch wirken manche der neuen Seen nach einer Weile so, als wären sie schon immer hier gewesen.

In der Lausitz kann man hautnah miterleben, wie ein Stück Industriegeschichte zu Ende geht. Teile der riesigen Braunkohletagebau-Gebiete, die sich im 20. Jahrhundert, vor allem während der DDR-Zeit, in die Landschaft fraßen und etliche Dörfer und Siedlungen verschlangen, sind bereits oder werden gerade geflutet und damit renaturiert. So entstand aus der 2007 begonnenen Flutung des Tagebaus Meuro, in dem bis zu 300 Millionen Tonnen Braunkohle gefördert worden waren, über die Jahre der Großräschener See. 2019 wurden der Hafen sowie die originelle Metallkonstruktion der Seebrücke eingeweiht und an Teilen der Uferböschung haben Weinreben längst Wurzeln geschlagen. Im Besucherzentrum der markanten IBA-Terrassen am Seeufer aus dem Jahr 2004

LAUSITZER SEENLAND

GRÖSSE: ca. 7000 Hektar Wasserfläche
BADEN: Zahlreiche Strandbäder und Naturbadestellen
BOOTE: Ausflugsschiff »Santa Barbara« ab Senftenberg; Bootsverleih an vielen Strandbädern
ÖPNV: Ab Berlin mit dem RE nach Altdöbern, Großräschen, Sedlitz und Senftenberg, ab Cottbus mit dem RE nach Senftenberg
IN DER NÄHE: Fälschermuseum am Großräschener See, Aussichtsturm »Rostiger Nagel« am Sedlitzer See, Besucherbergwerk am Bergheider See, Kunstscheune Pritzen am Altdöberner See, Barockschloss Altdöbern
TIPP: Weinbergsführungen am Großräschener See und Weintouren per Bus durchs Lausitzer Seenland, viele gut erschlossene Radwege

Boote im Lausitzer Seenland

erfährt man nicht nur, wo man in Zukunft baden und Boot fahren kann – aufgrund des absinkenden Wasserspiegels wird der See voraussichtlich erst 2026 mit Motorbooten befahrbar sein –, hier beginnen auch Führungen durch den Weinberg und andere Touren durch das Lausitzer Seenland. Nahe den modernistischen Terrassen erhebt sich auf den Trümmern der im Zweiten Weltkrieg zerstörten Brikettfabrik Victoria die Aussichtsplattform Victoriahöhe, von der aus man unter dem Motto »Vom Bergmann zum Seemann« seine Blicke über die versunkene Tagebaulandschaft schweifen lassen kann.

Durch den unterirdischen Ilsekanal, den längsten Tunnel Europas, der zwei Seen miteinander verbindet, ist der Großräschener See mit dem nahen Sedlitzer See verbunden, dessen Flutung 2025 abgeschlossen sein soll. Ferienwohnungen, Campingplätze und ein Wasserlandeplatz für Leichtflugzeuge am größten der 30 künstlichen Tagebau-Seen, deren Großteil in Sachsen liegt, sind längst in Planung. Bereits fertiggestellt ist der Aussichtsturm »Rostiger Nagel«, eine begehbare Skulptur, die mit ihren wuchtigen Eisenformen auf die ehemalige Industrielandschaft anspielt.

Im Gegensatz zu den noch im Entstehen begriffenen Seen, denen das Unfertig-Rohe einer Baustelle anhaftet, wirkt der benachbarte Senftenberger See, der an der Grenze zu Sachsen liegt, bereits wie eine mit der Landschaft verwachsene Naturidylle. Schon in den späten sechziger Jahren geflutet, dient er seit 1973

Rostiger Nagel am Sedlitzer See, Seebrücke und Promenade am Großräschener See

mit seinen sieben Kilometern Strand dem Badevergnügen. Nach Böschungsrutschungen 2018 ist der See nun wieder zum Tauchen, Segeln, Schwimmen, Surfen, Angeln und für Fahrten mit dem Ausflugsschiff Santa Barbara, benannt nach der Patronin der Bergleute, freigegeben. Nur die künstliche Insel im See ist als Naturschutzgebiet ausgewiesen und darf aufgrund von Rutschungsgefahr nicht betreten werden.

Das Städtchen Senftenberg am nordwestlichen Ufer des Sees, traditionell ein Siedlungsgebiet der Sorben, veränderte sich stark, als 1860 die ersten Braunkohlevorkommen entdeckt wurden. Zwischen 1907 und 1915 entstand die sehenswerte Gartenstadt Marga – die früheste ihrer Art in Deutschland – als Werkssiedlung für die Berg- und Ziegeleiarbeiter der Ilse Bergbau AG, in der 1930 auch die Klinkerskulpturen von Ernst Barlach für die Lübecker Katharinenkirche hergestellt wurden. Auf der anderen Seite des Sees, in Großkoschen, wo heute ein Amphitheater direkt am Ufer zu Konzerten und Theateraufführungen einlädt, befand sich während der NS-Zeit ein Außenlager des schlesischen KZs Groß-Rosen. Ein Mahnmal aus Metallwinkeln gedenkt der ermordeten Häftlinge.

Wer einen weiten Blick über den ehemaligen Tagebau genießen möchte, sollte sich den westlich gelegenen, zwischen 2001 und 2014 gefluteten Bergheider See mit seinem Besucherbergwerk, besser Besuchertagebau, nicht entgehen lassen: Von der Aussichtsterrasse der begehbaren Abraumförderbrücke, die den

Winter im Lausitzer Seenland, Seebrücke Senftenberg

sprechenden Namen »liegender Eiffelturm« trägt, öffnet sich das weite Panorama der ehemaligen, heute als Seen sowie als Solar- und Windparks genutzten Industrielandschaft, die übrigens gut von einem System oft seenaher Radwege erschlossen ist.

Im Begriff der Flutung befindet sich zur Zeit der nördlich gelegene Altdöberner See, der voraussichtlich im Jahr 2025 seinen endgültigen Wasserpegel erreicht haben soll, sodass dann auch die Kunstscheune Pritzen und das Barockschloss Altdöbern mit seinem Park bis ans Ufer des neuen Sees grenzen werden. Bereits abgeschlossen ist seit 2017 die Renaturierung des nahen Gräbendorfer Sees. An den kleinen Ort Gräbendorf, der 1989 dem Tagebau zum Opfer fiel, erinnert am Seeufer nicht nur ein Kunstprojekt des Aktionskünstlers Ben Wagin, ein alter Kahn nämlich mit der Aufschrift »Die Wüste in uns«. In den architektonisch hochwertigen, schwimmenden (Ferien-)Häusern am See mit seiner guten Wasserqualität scheint das verschwundene Dorf in verwandelter Gestalt wieder auferstanden zu sein.

Nördlich der 1965 aus Gründen des Hochwasserschutzes für den Spreewald entstandenen Talsperre Spremberg, die sich mit Badestränden, Wander- und Radwegen bei Erholungssuchenden großer Beliebtheit erfreut, lässt sich derzeit bei Cottbus gerade eine enorme Tagebauflutung beobachten, die 2030 abgeschlossen sein soll und in Zukunft eine wichtige Rolle übernehmen kann.

Mündung am Sedlitzer See, Ufer und Besucherbergwerk am Bergheider See

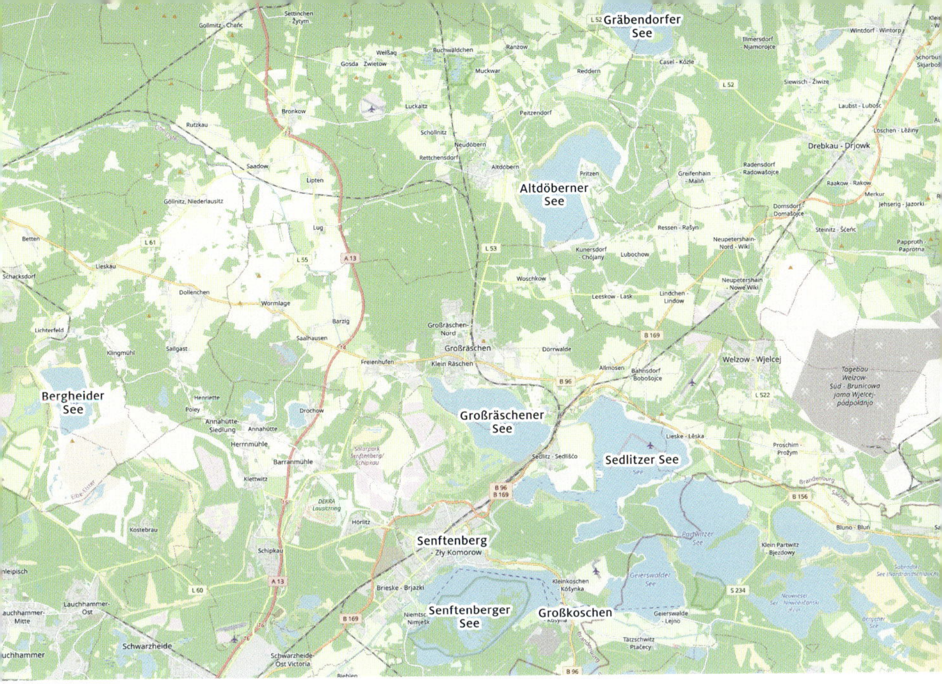

Denn heute ist weniger das Hochwasser zum Problem geworden als der Wassermangel, der durch das Ende der Braunkohleförderung entstanden ist, da nun das Grundwasser nicht mehr wie bisher in die Spree abgepumpt wird, sondern die großen Baggerseen füllt. Da zu befürchten steht, dass die Spree, deren Wasser bislang zu 50 Prozent aus dem Braunkohletagebau stammt, in Zukunft während der heißen, trockenen Sommer zu einem Rinnsal verkümmern oder ganz austrocknen könnte, müssen Speicherseen ausgebaut werden, die den Wassermangel in Dürrezeiten ausgleichen können. Im Gespräch ist in diesem Zusammenhang unter anderem der gerade bei Cottbus entstehende Riesensee, der jetzt schon den sehr selbstbewussten Namen *der* Cottbuser Ostsee trägt. Hier tätigt man keine vergleichenden Anleihen bei der »Schweiz« oder bei der »Ostsee«, man möchte nicht *die*, sondern *der* neue Ostsee sein, ein Original, keine Miniaturkopie. Aber ebenso, wie es den gefälschten Meisterwerken an einer Aura fehlt, so mangelt es jedem der neu entstehenden künstlichen Seen zunächst am Zauber des Immerschondagewesenen. Es wird eine geraume Zeit vergehen, bis es dem Cottbuser Ostsee und den vielen renaturierten Gewässern im Lausitzer Seengebiet gelungen sein wird, eine industrielle Mondlandschaft in ein harmonisches Naturensemble zu verwandeln, bei dem sich mit bloßem Auge nicht mehr unterscheiden lässt, was die Natur, also die Eiszeit, geschaffen hat und was die Menschenhand.

19 Teupitzer Seenkette: eine Bootsfahrt von Köpenick-Wendenschloss nach Teupitz

»Als Fontane sich aufmachte, um von Köpenick aus mit einem Segelboot die Wendische Spree (das ist die Dahme) hinaufzufahren, sprach er von Wendei und von Expedition, als gelte es, die Quellen des Nils zu erkunden und nicht den Teupitzer See.« So weit Günter de Bruyn über Fontanes Seenfahrt auf der »Sphinx« im Jahr 1874. Immer wieder bildet die wendische Spree, die in der NS-Zeit nur noch »Dahme« heißen durfte, laut Fontane »eine große Anzahl prächtiger Seeflächen, die durch einen dünnen Wasserfaden verbunden sind«. Da sich die Ufer der etwa 70 Kilometer langen Dahme- und Teupitzer Seenkette heute zumeist in parzelliertem Privatbesitz befinden und mehr oder weniger dicht von Bootshäusern, Badestränden und -stegen, Yachthäfen und Ausflugsgaststätten besiedelt sind, sodass sich ufernahe Wander- oder Radwege an nicht allzu vielen Stellen entlangschlängeln können, empfiehlt sich für die Erkundung der einzigartigen Wasserlandschaft eine Bootsfahrt.

Wir beginnen unsere Wasserfahrt an der Villenkolonie (Köpenick-)Wendenschloss, in der viele Prominente lebten und leben, so bis 1980 der Schauspieler Armin Mueller-Stahl und heute der Theaterregisseur Claus Peymann. Auf der Landzunge zwischen dem Langem See und der von ihm abzweigenden Großen Krampe liegt der einst als »Arbeiterzeltplatz« bezeichnete Campingplatz »Kuhle Wampe«, zentraler Schauplatz des gleichnamigen proletarischen Films aus dem Jahr 1932 von Slatan Dudow (Regie) und Bertolt Brecht (Drehbuch).

Über eine Art Seenkreuz bei der Schmöckwitzer Brücke geht es weiter in den Zeuthener See, durch den die Grenze zwischen Berlin und Brandenburg verläuft und an dessen Südspitze Hankels Ablage liegt, die in Fontanes Roman *Irrungen, Wirrungen* eine entscheidende Rolle spielt. Hier in der vermeintlich stillen Abgeschiedenheit nämlich erfährt das ungleiche Liebespaar seine »Vertreibung aus dem Paradiese«, an das der nüchterne Gastwirt von Hankels Ablage schon lange nicht mehr glaubt: »(...) wenn dann im Juni die Dampfschiffe kommen, dann ist es schlimm. Und dann bleibt es so den ganzen Sommer über oder doch eine lange, lange Weile. (...) Dann trifft jeden Abend ein Telegramm ein. ›Morgen früh neun Uhr Ankunft auf Spreedampfer Alsen. Tagespartie. 240 Personen‹.« An Fontane, der selbst mehrere Wochen zur Sommerfrische in Hankels Ablage weilte, wird nicht nur am Fontaneplatz in Zeuthen mit einem Gedenkstein erinnert, sondern auch mit einer Fontane-Ausstellung an Hankels Ablage im Forschungszentrum DESY.

Das Wassersportgebiet Großer Zug und Krossinsee zurücklassend setzt sich die Fahrt über den Krimnicksee und den Krüpelsee weiter fort, wo in Fontanes

Schloss Köpenick auf einer Insel in der Dahme

Zeit die eigentliche »Wendei« beginnt. Die Ufer still und einförmig. Nur dann und wann ein Gehöft, das sein Strohdach unter Eichen versteckt (...). Wenig Menschen, noch weniger Geschichte. Selbst der Feind mied diese Stelle. (...) In einer alten Chronik heißt es: »Der Dreißigjährige Krieg kam nicht hierher, weil ihm die Gegend zu arm und abgelegen war. Er wußte wohl, was er tat. Wie ein Feuer ohne Nahrung, wär' er in diesem See- und Spreegebiet erloschen.« An den Dörfern Kablow und Gussow vorbei verbreitert sich die Dahme schließlich zum Dolgensee, an dessen Ufer das Dörfchen Dolgenbrodt liegt, das Fontane vom Segelboot aus als glückhaft sich bescheidende Idylle wahrnimmt: »Das Sammeln des Honigs, das Mähen der Wiese, das Fischen im Fluß, in so engem Kreislauf vollendete sich tagtäglich ihre Welt. Und so war es immer an dieser Stelle. (...) Und in diesem Berührtwerden von etwas Unwandelbarem, in der Wahrnehmung von dem ewigen Eingereihtsein des Menschen in den Haushalt der Natur, liegt der Zauber dieser Einsamkeitsdörfer.«

Diese vermeintliche Idylle wurde jäh zerrissen, als Dolgenbrodt 1992 durch einen rechtsradikal motivierten Brandanschlag auf ein Asylbewerberheim in die Schlagzeilen geriet, ein Verbrechen, das von etlichen Einwohnern des Ortes finanziert worden war. Auch das südlich gelegene Prieros, wo die Teupitzer Seenkette von der Dahme abzweigt, ist eng mit der schwierigen deutschen Geschichte verbunden. Hier entstand 1935 die »Reichsseesportschule Gorch Fock«

Klein Köriser See

der Marine-HJ, und in den 1950er Jahren erkor der Präsident der DDR, Wilhelm Pieck, eine hiesige Villa zu seiner Sommerresidenz, in der heute das »Pieck-Zimmer« als Tagungsraum genutzt wird.

Nun gleitet unser Schiff zusammen mit Fontanes »Sphinx« durch den langen, schmalen Schmöldesee, der von ausgedehnten Waldungen umgeben ist, in denen einst Heerscharen von Reihern nisteten, die durch ihre Exkremente viele ufernahe Bäume zum Absterben brachten. Als Gegengewicht zur umliegenden Einöde und Wildnis wird an Bord der »Sphinx« besonders herrschaftlich getafelt: »Der Tisch war unter einer ausgespannten Leinwand gedeckt; der weißeste Damast, das blinkendste Silber lachte uns entgegen. Selbst an Tafelaufsätzen gebrach es nicht. Neben dem großen Köpenicker Baumkuchen paradierten zwei prächtige, in hundert Blüten stehende Heidekrautbüschel (...) in zwei reliefgeschmückte(n) Weinkühler(n).«

Weiter geht es über den Hölzernen See, wo Fontanes Segelschiff an einer seichten Stelle auf Grund läuft und entladen werden muss. Vorbei an einem Kindererholungszentrum, das 1951 als Zentrales Pionier-Ferienlager »Enver Hodscha« gegründet worden war, öffnet sich nun der Klein Köriser See, der sich mit Wasserski und Drachenbootrennen ganz und gar dem Wassersport verschrieben hat. Apropos »Wendei«: In Klein Köris wurden nach 1990 alte sorbische Bräuche wiederbelebt wie das »Zampern« (Camprowanie), also das Heischen um milde

Germanische Siedlung inmitten der »Wendei«, Freilichtmuseum in Klein Köris

Gaben, und das Fest der Dämonenaustreibung am Ende des Winters, das mit Lärmschlagen, Fruchtbarkeitsbeschwörungen und traditionellen Verkleidungen wie Schimmelreiter, Bär und Storch einhergeht.

Weiter geht unsere Fahrt durch den Kleinen und Großen Moddersee, eine Passage, die Fontane als »ein schwieriges, aus mehreren flachen Becken bestehendes Seengebiet« bezeichnet. In Groß Köris am Ufer des Schulzensees entstanden zu Beginn des 20. Jahrhunderts repräsentative Villen, und etliche Künstler ließen sich in der Seeidylle fern der Hauptstadt, aber doch mit Eisenbahnanschluss, nieder. Seit 2008 lebt hier der Lesebühnenautor Andreas Scheffler, der zusammen mit Horst Evers und Bov Bjerg die Satirezeitschrift *Salbader* herausgibt.

Die historische Klappbrücke im Rücken fahren wir unter einer Eisenbahnbrücke, einer Straßenbrücke und einer Autobahnbrücke in den Zemminsee ein, der mit dem Schweriner See und schließlich mit dem Teupitzer See verbunden ist, dessen Anblick Fontane nach seiner langen Reise mit Erleichterung quittiert: »plötzlich, wie aufatmend, fuhren wir aus einem Gewirr von Tümpeln und Schmalungen, die wir während der letzten zwei Stunden zu passieren gehabt hatten, in ein imposantes und beinahe haffartig wirkendes Wasserbecken ein. (...) Gleich darauf fiel der Anker. Im Angesicht von Teupitz, dunkel und rätselvoll, lag die ›Sphinx‹.«

Zugbrücke über dem Kanal zwischen Großem Moddersee und Schulzensee

Fontanes Wirtin, die die Seenkette geradezu als eine Schnellstraße preist, erzählt bereitwillig, »was wäre Teupitz ohne den See. (...) Mit gutem Winde fahren wir in sechs Stunden nach Berlin und alles was wir kaufen und verkaufen, es kommt und geht auf dem See. (...) Garten- und Feldfrüchte, Weintrauben und Obst, und Holz und Torf. (...) alles geht nach Berlin. Viele hunderttausend Steine.« Fontane selbst, dem in Teupitz mit einem Fontane-Park von 1928 und einer kindgroßen Fontaneskulptur am Markt gedacht wird, fährt noch zweimal über den Teupitzer See auf der Suche nach einer märchenhaft-geheimnisvollen Zauberstimmung: »Sein Wasser ist hellgrün, frisch und leichtflüssig; Hügel mit Feldern und Hecken fassen ihn ein, und außer der schmalen Halbinsel, die das Schloß trägt und sich bis tief in den See hinein erstreckt, schwimmen große und kleine Inseln auf der schönen Wasserfläche umher. (...) Ein Gefühl beschleicht mich wieder, stärker noch als zuvor, als ruhe hier etwas, das sprechen wolle, – ein Geheimnis, eine Geschichte.« Vielleicht spielte Fontane auf Nemissa an, die wendische Todesgöttin und Rächerin der Untreue, die einst ein untreues Brautpaar in die Tiefe des Sees zog, eine Sage, die übrigens auf dem Marktplatz im *Teupitzer Bilderbuch*, einer Darstellung der Stadtgeschichte auf Kacheln, illustriert ist. Vielleicht aber hatte Fontane überhaupt das Gefühl, sich hier, wo um 1700 noch vorwiegend Wendisch gesprochen wurde, in einer exotischen Fremde zu befinden, die zum Verstummen führt.

Baustelle der erneuerten Klappbrücke zwischen Schulzensee und Großem Moddersee, Kanalgraben zwischen Schulzensee und Zemminsee

Schweriner See

Teupitzer See, Fachwerkhaus und Mini-Fontane in Teupitz

Auch während der NS-Zeit ging es hier um Verschweigen, allerdings ohne jeden Zauber: So wurden Hunderte von Euthanasieopfern, bevor sie in den Tötungseinrichtungen der Aktion T4 ermordet wurden, in der 1908 gegründeten Teupitzer »Landesirrenanstalt« untergebracht, deren Wasserturm vom See aus markant zu sehen ist. Nach 1945 wurde dieses Verbrechen zunächst verschwiegen, dann aber dank des Klinikdirektors und Widerstandskämpfers Hans Sußmann in den 1970er Jahren aufgearbeitet. Heute erinnert ein schwarzer Gedenkobelisk auf dem Gelände des Fachklinikums für Psychiatrie und Neurologie an die Euthanasieopfer.

Die größte der von Fontane erwähnten Inseln im See, der Egsdorfer Horst, ist seit 1989 übrigens mit zwei moralisch heiklen Eigentumsansprüchen verbunden: Denn so, wie den Erben des NS-Bildhauers Arno Breker die Rückübertragung seiner einstigen Wochenendparzelle zu Recht verweigert wurde, gingen die Nachfahren der NS-Widerstandskämpfer Hanno und Libertas Schulze-Boysen zu Unrecht leer aus. Die beiden Mitglieder der Roten Kapelle waren nämlich nach dem Erwerb ihres Grundstücks, aber noch vor der Grundbucheintragung 1942 verhaftet und in Plötzensee hingerichtet worden. Dieser juristische Skandal, der auf der Gedenktafel für das widerständige Ehepaar nur scheinbar verschwiegen wird, verbirgt sich in ausführlicher Schilderung hinter einem QR-Code im Fontane-Park am Ufer des Teupitzer Sees.

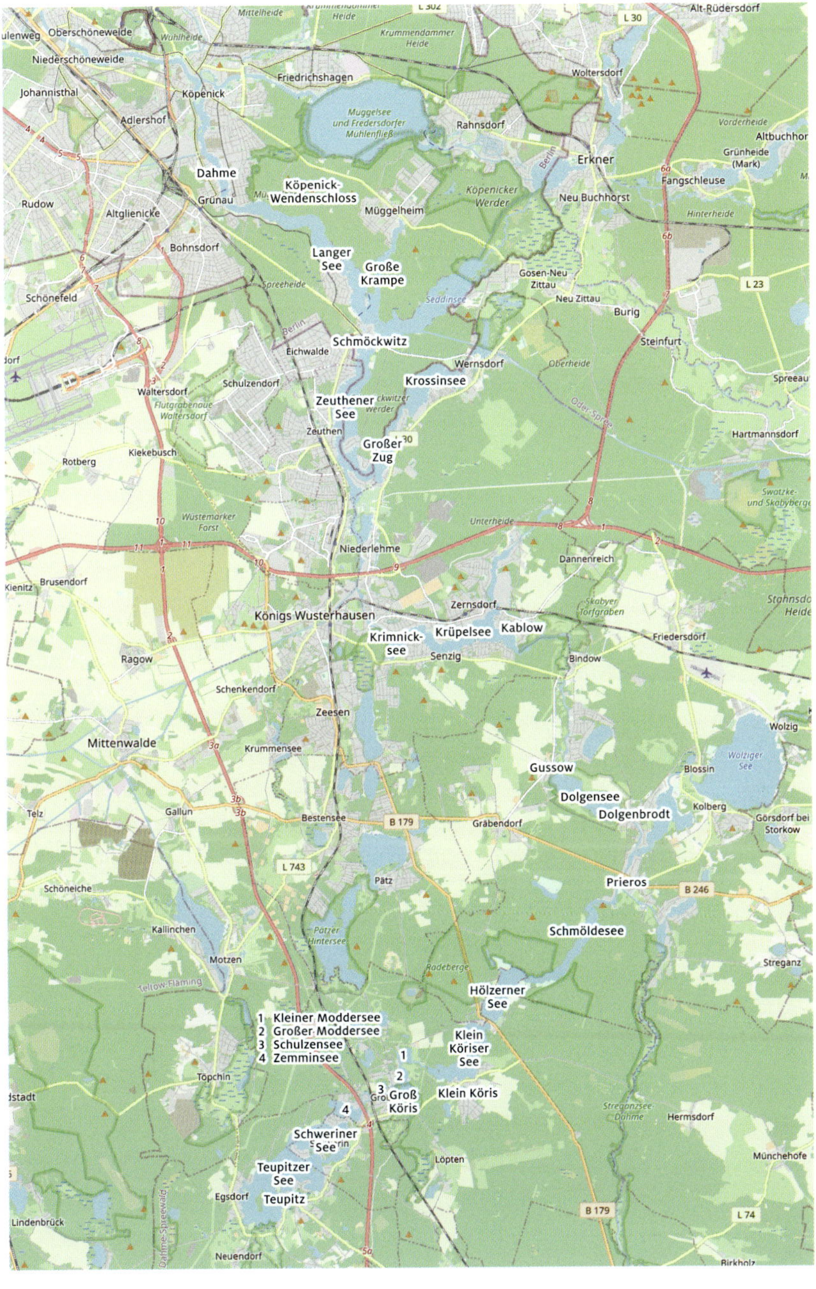
Dahme
Köpenick-Wendenschloss
Langer See
Große Krampe
Schmöckwitz
Krossinsee
Zeuthener See
Großer Zug
Königs Wusterhausen
Krimnick-see
Krüpelsee
Kablow
Gussow
Dolgensee
Dolgenbrodt
Prieros
Schmöldesee
Hölzerner See
1 Kleiner Moddersee
2 Großer Moddersee
3 Schulzensee
4 Zemminsee
Klein Köriser See
Groß Köris
Klein Köris
Schweriner See
Teupitzer See
Teupitz
Mittenwalde
Erkner
Rahnsdorf
Friedrichshagen
Köpenick
Adlershof
Rudow
Altglienicke
Grünau
Müggelheim
Bohnsdorf
Schönefeld
Eichwalde
Zeuthen
Wernsdorf
Niederlehme
Zernsdorf
Senzig
Zeesen
Bestensee
Wolzig
Storkow

HERZLICH
WILLKOMMEN

Im Südwesten von Berlin

Blick auf Werder (Havel)

20 Große Havelseenkette bei Potsdam: Templiner See, Schwielowsee, Glindower See, Großer Plessower See, Großer Zernsee, Wublitz, Schlänitzsee, Fahrlander See

Als der berühmte französische Schriftsteller Stendhal 1806 Berlin und Umgebung besuchte, veranlasste ihn die brandenburgische Sandwüste zu sarkastischen Bemerkungen. Von der Potsdamer Landschaft aber mit ihren Havelseen war er begeistert und stellte erstmalig fest, dass nicht nur Italien, sondern auch Deutschland landschaftliche Schönheiten zu bieten habe: »Die Havelinseln von Sanssouci aus gesehen scheinen mir alles zu enthalten, was es an edler Anmut im Norden gibt. Sie sind das, was die Borromäischen Inseln für Italien sind. Sie haben einen ganz eigentümlichen reizenden Anstrich, etwas besonders Zartes, Melancholisches; an glücklichen Tagen, an denen man besonders empfindsam ist, berührt einen das sehr stark.« Und Wolf Jobst Siedler ergänzt: »Den Neckar des Nordens nannte Fontane die Havel und hatte wohl das Südliche im Auge, das auch Stendhal vor diesen Ufern an den Lago Maggiore denken ließ.«

Um die »geformte Weite, welche die Schwere aufhob«, wie der mährisch-österreichische Schriftsteller Walter von Molo die Havelseen bei Potsdam zu-

GROSSE HAVELSEENKETTE BEI POTSDAM

GRÖSSE: Templiner See: 511 Hektar; Großer Zernsee: 268 Hektar; Glindower See: 195 Hektar; Großer Plessower See: 322 Hektar; Schlänitzsee: 200 Hektar; Fahrlander See: 210 Hektar; Weißer See: 26 Hektar

ZUGANG: Templiner See: über Caputh oder Potsdam; Schwielowsee: über Caputh, Ferch, Petzow oder Geltow; Großer Zernsee: über Werder (Havel) oder Golm; Glindower See: über Schlosspark Petzow, Glindow oder Werder; Großer Plessower See: über Werder (Havel), Glindow oder Plessow; Schlänitzsee: über Marquardt; Fahrlander See: über Fahrland oder Potsdam-Nedlitz

BADEN: Templiner See: Waldbad (Imbiss, WC, Spielplatz), weitere Naturbadestellen; Schwielowsee: zwei Strandbäder, weitere Naturbadestellen; Großer Zernsee: mehrere Naturbadestellen (z. B. am Schloss Golm); Glindower See: ein Strandbad (Imbiss, WC, Spielplatz), weitere Badestellen; Großer Plessower See: Strandbad Werder (Imbiss, WC, Wassertrampolin), weitere Badestellen; Fahrlander See: mehrere Badestellen (bei Neu Fahrland); Weißer See: Badestelle am Sacrow-Paretzer Kanal

BOOTE: Templiner See: Bootsverleih am Waldbad, Kanu- und Stand-Up-Paddle-Verleih am Sportpark Luftschiffhafen (über einen Automaten); Schiffstouren ab Bootsanleger Schloss Caputh; Schwielow-

sammenfasst, in ihrer Gesamtheit erfahren zu können, diese Seenkette, in der sich Naturschönheit, kulturelle und industrielle Zeugnisse in komplexer Weise mischen, empfiehlt sich eine knapp 60 Kilometer lange Runde mit dem Auto oder, noch besser, mit dem Fahrrad auf den ufernahen Straßen und Radwegen, die die meisten der Seen umgeben.

Beginnend am nordöstlichen Ufer des Templiner Sees, dessen typisch bräunliches Havelwasser der Wasserqualität keinen Abbruch tut, verläuft die Fahrt vorbei am Strandbad Templin nach Caputh. Zuvor aber machen wir einen kurzen Abstecher zur Halbinsel Hermannswerder, wo verschiedene Bildungseinrichtungen ansässig sind, darunter das musisch ausgerichtete evangelische Gymnasium der Hoffbauer-Stiftung, das in der neugotischen Backsteinarchitektur des frühen 20. Jahrhunderts errichtet wurde und dessen bekanntester Schüler der Theologe und DDR-kritische Politiker Markus Meckel war.

Gleich am Ortseingang von Caputh befindet sich auf einer Anhöhe mit weitem Blick über den Templiner See das Einsteinhaus, in dem der weltberühmte Physiker mit seiner Familie zwischen 1929 und 1932 herrliche Sommer verbrachte und seiner Segelleidenschaft frönen konnte. Der neusachliche Architekt Konrad Wachsmann erinnert sich, dass Einstein von Holzhäusern begeistert war, »weil sie naturverbundener sind und organischer in die Landschaft passen«, ja, Einstein sagte explizit: »Ich will nicht in einem kalten Klotz aus Beton, Glas

see: Bootsverleih in Ferch; Glindower See: Bootsverleih am Strandbad Glindowsee (im Aufbau); ab Werder (Havel) fahren mehrere Ausflugsschiffe über die Seenkette; Großer Plessower See: Bootsverleih am Strandbad Werder
ÖPNV: Templiner See: ab Potsdam Hbf. mit dem Bus (Haltestelle »Potsdam, Forsthaus Templin«) oder ab Potsdam Hbf. mit der RB nach Caputh Schwielowsee; Schwielowsee: ab Potsdam Hbf. mit dem Bus nach Ferch; Großer Zernsee: ab Berlin Hbf. mit dem RE bis Werder (Havel) oder ab Potsdam, Golm Bhf. mit dem Bus (Haltestelle »Alt-Golm«); Glindower See: ab Werder (Havel) mit dem Bus (Haltestelle »Glindow, Alpenstr.«); Großer Plessower See: ab Werder (Havel) oder Potsdam mit dem Bus (Haltestelle: »Werder Margaretenstr.«); Fahrlander See: ab Spandau mit dem Bus (Haltestelle: »Potsdam, Heinrich-Heine-Weg«); Weißer See: ab Potsdam Hbf. mit Tram und Bus (Haltestelle »Potsdam, Weißer See«)
IN DER NÄHE: Einsteinhaus in Caputh, Stülerkirche in Caputh, Schloss Caputh, Schloss Golm, Schloss Petzow, Fischerkirche Ferch, Museum der Havelländischen Malerkolonie in Ferch, Ziegeleimuseum Glindow, Naturschutzgebiet »Glindower Alpen«, Christian-Morgenstern-Literaturmuseum in Werder, Museum für Handweberei in Geltow, Belvedere auf dem Pfingstberg in Potsdam, Aussichtspunkt Fahrlander See
TIPP: Spaziergang an der Uferpromenade von Ferch nach Petzow entlang historischer Ziegelwerke

Templiner See mit Algenwachstum im Sommer

und Stahl wohnen«. Über das neue, funktionale Sommerhaus ohne ornamentalen Dekor und mit schlicht-spartanischer Einrichtung schwärmte Einstein: »Im neuen Holzhäuschen gefällts mir großartig (...), ohne Telephon, weit genug von Berlin. Das Segelschiff, die Fernsicht, die einsamen Herbstspaziergänge, die relative Ruhe. Es ist ein Paradies.« Trotz seines sommerlichen Rückzugs an den Templiner See – so hatte Einstein seinen Sohn aufgefordert: »Komm nach Caputh, pfeif auf die Welt« – verkehrten hier viele illustre Gäste wie Max Born, Fritz Haber, Gerhart Hauptmann, Käthe Kollwitz, Max Liebermann, Heinrich Mann, Max Planck, Arnold Zweig und Rabindranath Tagore, unter ihnen ein Besucher, der bemerkte: »Das Haus roch wie ein Sägewerk nach frischem Holz.« Zu Beginn der NS-Zeit, als Einstein bereits in die USA ausgewandert war, zog für eine Weile das benachbarte, 1931 von Gertrud Feiertag gegründete jüdische Kinder- und Landschulheim, heute »Jugendhilfezentrum (JHZ) Anne Frank und Gertrud Feiertag«, ins Einsteinhaus, das aber bald enteignet und während des Zweiten Weltkriegs von der Wehrmacht genutzt wurde. Seit 2005 ist das Einsteinhaus, das heute der Hebräischen Universität Jerusalem gehört, für die Öffentlichkeit zugänglich, allerdings nicht als Museum, was Einstein ausdrücklich untersagt hatte, sondern als Begegnungsstätte.

Vorbei an der Stülerkirche von 1850 und dem frühbarocken Schloss Caputh mit Lenné-Park, in dem während der DDR-Zeit eine Berufsschule für Fotogra-

Stülerkirche und Einstein-Haus in Caputh, Wasserturm auf dem Hermannswerder

fen und Blumenbinder untergebracht war, gelangen wir an die schmale Verbindungsstelle zwischen Templiner und Schwielowsee, das »Gemünde« mit Aussichtsplattform, wo seit alters her die Fähre zwischen Caputh und Geltow verkehrt. Der preußische König Friedrich I. ließ um 1700 in Holland eine vergoldete, unvorstellbar luxuriöse Prunkbarke bauen, mit der er Vergnügungsfahrten von Potsdam zum Schloss Caputh unternahm, dessen glänzendste Zeit nun anbrach. Gerne ließ der König auf dem Wasser die 22 Geschütze des Luxusschiffs Salutschüsse über die Havelseen donnern.

Da die Havelseen heute nicht mehr von Frachtschiffen, die den nördlich gelegenen Sacrow-Paretzer Kanal nutzen müssen, befahren werden und nur noch der Freizeitschifffahrt dienen, ist kaum nachvollziehbar, dass Fontane Caputh

In Ferch am Schwielowsee

wegen seines Ziegelsteinhandels und seiner umfangreichen, mit Klinkern beladenen Kahnflotte »das Chicago des Schwilowsees« nannte.

Der meist von Schilfrohrdickicht umgebene Schwielowsee, ein flacher, eiszeitlicher Gletscherzungensee mit reichem Fischbestand, entwickelt bei starker Sonneneinstrahlung zwar ein starkes Algenwachstum, die sogenannte Wasserblüte, die aber, bis auf zeitweilige Blaualgenbildung, die Wasserqualität nicht mindert. Auch Fontane war die Flachheit des Sees bekannt: »Der Schwilow hat ganze Striche, wo man Grund fühlen, noch andere, wo man ihn durchwaten kann.« Trotzdem hält er ihn nur für vermeintlich harmlos: »(...) der Schwilow ist breit, behaglich, sonnig und hat die Gutmütigkeit aller breit angelegten Naturen. Er hält es mit leben und leben lassen; (...) aber wie alle gutmütigen Naturen kann er heftig werden, plötzlich, beinahe unmotiviert, und dann ist er unberechenbar. Eben noch lachend, beginnt ein Kräuseln und Drehen, nun ein Wirbel, ein Aufstäuben, ein Gewölk – es ist, als führe eine Hand aus dem Trichter, und was über ihm ist, muß hinab in die Tiefe. In solchen Augenblicken gibt er der Müggel nichts nach. Es gibt ganze Linien, wo die gescheiterten Schiffe liegen.« Während Fontane vom Boot aus weite Blicke über den Schwielowsee bis zum »einsame(n) Punkt« Ferch schweifen lässt, einem der Lieblingsplätze Friedrich Wilhelms IV., »der an Sommertagen, wenn er abends zu Schiff in die Havelseen hinausfuhr, gern hier anlegte und seine Teestunde im engsten Kreise verplauderte«, begeben

Museum der havelländischen Malerkolonie und Fischerkirche in Ferch, Schloss Petzow

wir uns auf dem Uferweg in das reizvoll an der Südspitze des Schwielowsees gelegene Dorf mit Strandbad, Fischerkirche und Museum der Havelländischen Malerkolonie. In einem alten, reetgedeckten Kossätenhaus werden impressionistische Ansichten der Potsdamer Havelseen im wechselnden Licht der Jahreszeiten von Karl Hagemeister, Carl Schuch und anderen gezeigt. Dass sich ausgerechnet hier Maler niederließen, um Lichtreflexionen zu studieren, ist kein Zufall, weist doch der Schwielowsee, dessen Name sich aus dem Slawischen von »brennender See« herleitet, eine besonders intensiv strahlende, schimmernde, manchmal blendende oder silbrig glänzende Wasseroberfläche auf.

Als zu Beginn des 20. Jahrhunderts der Fremdenverkehr zuzunehmen begann, wurde der Fercher Dorfkrug zum »Gasthof Kurhaus« umgestaltet, in dem sich unter anderen Filmgrößen wie Emil Jannings, Hans Albers und Marika Rökk erholten. Heute lädt eine sechs Kilometer lange Uferpromenade von Ferch nach Petzow entlang historischer Ziegelwerke zum Wandern ein.

Petzow, auf der schmalen Landzunge zwischen Schwielowsee und Glindower See gelegen, wurde im Rahmen des »Verschönerungsplans der Umgebung von Potsdam« zwischen 1825 und 1842 mit dem neugotischen Schloss im Tudorstil von Schinkel, dem Park von Lenné und der Schinkelkirche Teil des Potsdamer Gesamtkunstwerks, in dem sich Landschaft und Architektur harmonisch aufeinander beziehen. Öffnet sich vom Park des Schlosses, das heute in private

Leicht gewellte Hügellandschaft zwischen den Seen

Wohnungen aufgeteilt ist, ein weiter Blick über den Schwielowsee, so schaut man von der Dorfkirche aus über den Glindower See mit seinem breiten Schilfgürtel und seinem Strandbad, ein See übrigens, der eine sehr gute Wasserqualität aufweist und nicht zur Entwicklung von Blaualgen neigt. Wie industriell geprägt dieser heute beschaulich wirkende Landstrich einst gewesen sein muss, weiß Fontane eindrucksvoll zu beschreiben: »Wie Buda-Pest, oder wie Köln und Deutz ein Doppelgestirn bilden, so auch Caput und Petzow. Sie gehören zusammen. (...) Sie ergänzen sich. Caput ist ganz Handel, Petzow ist ganz Industrie. Dort eine Wasserstraße, eine Werft, ein Hafenverkehr; hier die Tag und Nacht dampfende Esse, das nie verlöschende Feuer des Ziegelofens.«

Reste dieser einstigen Industrielandschaft lassen sich auch heute noch ausmachen. So erhebt sich am südwestlichen Ufer des Glindower Sees das Naturschutzgebiet »Glindower Alpen«. Diese mitunter steilen Erhebungen sind nicht natürlichen Ursprungs, sondern künstliche Abraumhalden der Tongewinnung, die schon seit dem Mittelalter belegt ist und Glindow seinen Namen gab, ist doch »glina« das slawische Wort für Ton und Lehm. Im 19. Jahrhundert boomte die Herstellung des typischen gelben Klinkers derart, dass 18 Ziegeleien mit 50 Rundöfen entstanden, weswegen zu Spitzenzeiten täglich 600.000 Ziegel auf Kähnen über die Havelseen nach Berlin verschifft werden konnten. Das hiesige Ziegelei-Museum lässt die spannende Industriegeschichte Glindows

In den Glindower Alpen

erfahrbar werden, die sich zu Beginn des 20. Jahrhunderts langsam dem Ende zuneigte. Als Fontane Glindow besuchte, prangerte er vor allem die soziale Ungleichheit zwischen den »Ziegellords« mit ihren opulenten, von Parks umgebenen Villen und den Ziegelarbeitern in ihrem Elend an: »die Lehmstube mit dem verklebten Fenster, die abgehärmte Frau mit dem Säugling in Loden, die hageren Kinder, die lässig durch den Ententümpel gehn. Es scheint, sie spielen; aber sie lachen nicht; ihre Sinne sind trübe wie das Wasser, worin sie waten und plätschern.«

Weiter geht unsere Fahrt am südwestlichen Ufer des Glindower Sees und am Südostufer des Großen Plessower Sees entlang, in dem weder Motor- noch Segelboote erlaubt sind und der, meist von Wald und Schilf umgeben, eine besonders gute Wasserqualität besitzt und dementsprechend reiche Fischbestände aufweist. In östlicher Richtung erhebt sich, bereits zu Werder gehörend, die Bismarckhöhe, die einst Galgenberg hieß, ein Name, der den Dichter Christian Morgenstern 1895 auf einem Ausflug mit Freunden derart begeisterte, dass er hier nicht nur den Bund der Galgenbrüder gründete, sondern auch die dichterische Gattung der Galgenlieder ins Leben rief. Ein Christian-Morgenstern-Literaturmuseum erinnert an den Meister des hintergründigen Humors. Von der Höhengaststätte öffnet sich ein weiter Blick über die Inselstadt Werder und über die Havelseen, ein blau-grüner Akkord aus Wasser und Wald.

Brückentiere in Baumgartenbrück, Ziegeleimuseum Glindow

Über die Strengbrücke und die Baumgartenbrücke, die die Ufer der zusammenhängenden Wasserlandschaft verbinden, gelangen wir nach Geltow. Unterhalb der Brücke finden sich nicht nur zwei monumentale Fischotterskulpturen des Vorgängerbaus, hier steht auch noch der historische Gasthof »Baumgartenbrück«, in den schon Fontane einkehrte. Angesichts der in »beständigem Wechsel« steigenden und fallenden Zugbrücke schwärmt dieser über die »seltene Schönheit des Platzes«: »Es ist eine ›Brühlsche Terrasse‹ am Schwilowsee. Bastionartig springt ein mit Linden und Kastanien dicht bestandener Uferwall in den See hinein, und so viele Bäume, so viele Umrahmungen eines von Baum zu Baum wechselnden Panoramas. Welche Reihenfolge entzückender Bilder! Man sitzt wie auf dem Balkon eines Hauses, das an der Schmalseite eines langen Squares gelegen ist, und während das Auge über die weite Fläche des oblongen Platzes hingleitet, zieht unmittelbar unter dem Balkon das Treiben einer belebten Straße fort. Der Platz ist der Schwilowsee, die belebte Straße ist die Havel, deren Fahrwasser an dem Quai vorüber und durch die unmittelbar zur Rechten gelegenen Brücke führt.«

Zwar dringen die Verkehrsgeräusche von der neuzeitlichen Baumgartenbrücke bis zum Gasthof hinab, dennoch eignet dieser nördlichen Uferpartie des Schwielowsees, die sich bis zum Strandbad Caputh erstreckt, ein besonders verschwiegener Reiz. In der anderen, westlichen Richtung kommen wir auf dem

Blick von der Havel auf die prächtige Dorfkirche von Geltow

Straße mit blühenden Kirschbäumen in Werder (Havel)

Weg zum Aktiven Museum für Handweberei an der neugotischen Dorfkirche mit buntglasierten Dachziegeln aus dem Jahr 1885 vorbei, die Kronprinz Friedrich III. in bewusster Anlehnung an die Kirche Terlau in Südtirol entwarf. Das Webereimuseum geht auf Henni Jaensch-Zeymer zurück, die 1932 in einem alten Gasthaus etliche, teilweise mehrere hundert Jahre alte Webstühle aufstellte, um sich, geprägt von Bauhaus- und Gildenhall-Gedanken sowie ihrem minimalistischen Motto »Die Kunst des Weglassens«, der Handweberei zu widmen, die hier heute immer noch betrieben wird.

Wenn wir etwas weiter nördlich vom Ufer aus die gegenüberliegende Inselstadt Werder liegen sehen, weitet sich ein Panorama, das, so Fontane, einen verwöhnten Reisenden, den die »lachenden Bilder« von Babelsberg und dem Pfingstberg kalt lassen, doch »entzücken müsse«. Es ist ein Rundbild, das ihm »eine giebelreiche, rot und weiß gemusterte, in dem klaren Havelwasser sich spiegelnde gotische Kirche zeigt. Um sie herum ein dichter Häuserkranz: Stadt Werder.«

Auch die »obstbeladene(n) Dampfer«, die in Werder verladen wurden und gen Berlin schipperten, erregten Fontanes Aufmerksamkeit: »Eine Viertelstunde noch und Dampfer und Havelkahn verschwinden in dem Defilé bei Baumgartenbrück; der Schwilow nimmt sie auf und durch das ›Gemünde‹ hin, an dem schönen und langgestreckten Caput vorbei, geht die Fahrt auf Potsdam zu, an den

Badestelle am Großen Zernsee bei Schloss Golm, Badesteg am Wublitzsee

Fahrgastschiff Richtung Jungfernsee mit Blick auf Schloss Babelsberg

Schwänen vorüber (…). Bei Dunkelwerden Potsdam, um Mitternacht Spandau, bei Dämmerung Berlin. Und eh' der erste Sonnenschein um den Marienkirchturm blitzt, lachen in langer Reihe, zwischen den Brücken hin, die roten Knupper der Werderschen.«

Auch in Reinhold Klinges Erzählung *Mit Kafka auf der Havel* (2006) spielt Werder eine wichtige Rolle. Hier nämlich nehmen Franz Kafka und Max Brod 1908 für zwei Wochen Ruderunterricht und erkunden mit ihrem Boot die umliegenden Havelseen – eine Reise, die es laut Klinge so nie gab, aber durchaus hätte geben können.

Nördlich von Geltow und von Wildpark West öffnet sich der Große Zernsee, ein Eldorado für Angler, Badegäste und Wassersportler. Das Naturschutzgebiet Wolfsbruch an den nördlichen Uferpartien ist zwar unzugänglich, kann aber über eine elegante hölzerne Fußgängerbrücke, die auf die Insel Töplitz führt, und einen tangentialen Wanderweg mindestens teilweise erschlossen werden. Am östlichen Ufer des Großen Zernsees liegt Schloss Golm aus dem Jahr 1912, einstiger Erholungsort für UFA-Stars wie Marlene Dietrich oder Marika Rökk, in dem heute die Pop-Musikerinnen Cora und Swetlana von dem Bottlenberg eine exklusive Event-Gastronomie betreiben.

Entlang der Wublitz, einem Nebenfluss der Havel, an deren Ufer das winzige Dorf Nattwerder liegt, das Ende des 17. Jahrhunderts von ins Land gerufenen

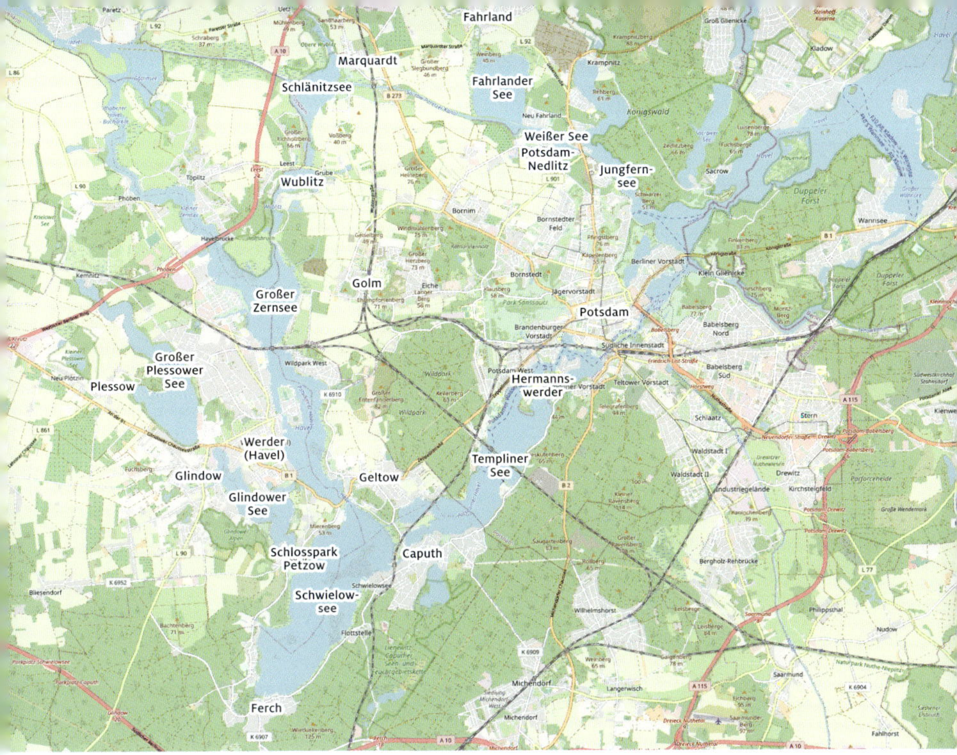

Kolonisten aus der Schweiz gegründet wurde, gelangen wir zur eiszeitlichen Rinne des sehr flachen, im Sommer oft verkrauteten Schlänitzsees, eigentlich eine seeartige Verbreiterung der Wublitz, dessen Fahrrinne aufgrund seiner geringen Tiefe regelmäßig ausgebaggert werden muss. Weiter geht es durch eine anmutig parkartige Feldflur, die bewusst als historische Kulturlandschaft im Sinne von Peter Joseph Lenné komponiert ist, zum stillen Fahrlander See, der mit dem Schlänitzsee durch den Sacrow-Paretzer Kanal verbunden ist und hervorragende Brutbedingungen für zahlreiche, auch seltene Vogelarten bietet. Motorbootverkehr ist erst wieder auf dem Weißen See und dem Jungfernsee gestattet. Ganz in der Nähe, nämlich auf dem Belvedere des Pfingstbergs, dieser steingewordenen Apotheose des schönen Weitblicks, kommt unsere Havelseen-Rundfahrt zu einem Ende. Von diesem prachtvollen Aussichtstempel mit seinen Bogengängen, Arkaden, Treppen und Türmen aus öffnet sich nicht nur ein atemberaubender Fernblick bis nach Berlin, sondern auch das eindrucksvolle Panorama der Havelseen, die mit ihren amöbenartigen Buchten in die hügeligen Wälder eingebettet sind. Es ist ein großartiges, grünblaues Rundbild, das sich, je nach Jahreszeit und Witterung, auch zu Grau, Orange, Gelb, Weiß und Braun wandeln kann, immer wieder neu und an keinem Tag gleich.

21 Großer Wannsee

Der Große Wannsee, diese von über 20 Segelvereinen und zehn Ruderclubs umgebene Havelbucht, ist mehr als ein Freizeitgewässer, das dem Wassersport und dem Badevergnügen dient. Er ist ein von Menschenhand überformter See, der Existenzielles, Ästhetik und Barbarei in komplizierter Weise vereint.

Am südlichen Ende des Großen Wannsees, dort wo der Kleine Wannsee beginnt, nahm sich der Dichter, Dramatiker und Erzähler Heinrich von Kleist nach seinem grandiosen beruflichen Scheitern 1811 das Leben. Seiner geliebten Schwester hinterließ er einen Abschiedsbrief mit dem berühmten Satz: »Die Wahrheit ist, dass mir auf Erden nicht zu helfen war.« Laut Verabredung erschoss Kleist am Kleinen Wannsee zuerst seine todkranke Bekannte Henriette Vogel und dann sich selbst. Das Grab mit einem Schlüsselsatz Kleists, »Nun, o Unsterblichkeit, bist du ganz mein!«, ist erhalten.

Fast genau 100 Jahre später, 1912, ertrank der 25-jährige expressionistische Dichter Georg Heym, der in eindrucksvollen Versen die Katastrophe des Ersten Weltkriegs visionär vorweggenommen hatte, beim Schlittschuhlaufen auf dem Wannsee.

Der Wannsee (wie der nördlich gelegene Schlachten- und Grunewaldsee) ist eng verbunden mit der Berliner Secession. So konnte der beliebte Maler Walter Leistikow, dem Kaiser Wilhelm II. vorwarf, er habe mit seinen Bildern »den ganzen Grunewald versaut« und dessen zurückgewiesenes Bild *Grunewaldsee* (1895) zur Initialzündung der Secession wurde, besser als jeder andere die sehnsüchtige Stimmung der kiefernumsäumten Seen Berlins und Brandenburgs einfangen. Manche Seen, so den Kleinen Wannsee, erkundete er mit dem Motorboot, um mehr oder weniger unspektakuläre Partien ausfindig zu machen,

GROSSER WANNSEE

GRÖSSE: 282 Hektar
BADEN: Strandbad Wannsee (Gastronomie, WC, Spielplatz), Badestelle Heckeshorn (WC, Imbiss)
BOOTE: BVG-Fähre Wannsee–Kladow und Dampferanlegestelle am S-Bahnhof Wannsee; mehrere Bootsverleihe rund um den See
ÖPNV: S Wannsee; Strandbad: S Nikolassee
IN DER NÄHE: Pfaueninsel, Haus der Wannseekonferenz, Liebermann-Villa, Kleist-Grab
TIPP: Teilweise Rad- und Wanderwege am Ufer des Großen Wannsees; Gutspark Neukladow (BVG-Fähre), Literaturhaus »Literarisches Colloquium« am Wannsee

Blick auf den Wannsee und die Ablegestelle der Fahrgastschiffe

die er dann auf der Leinwand in stille Seelenlandschaften verwandelte. Im letzten Stadium seiner langjährigen Syphilis-Erkrankung erschoss sich Leistikow 1908 im Sanatorium am Schlachtensee, den er so oft gemalt hatte. Die Reproduktion eines dieser Gemälde ist heute an entsprechender Stelle am Ufer des Sees zu sehen.

Der Präsident der Berliner Secession, Max Liebermann, ließ sich 1910 in der Villen-Colonie Alsen am westlichen Ufer des Wannsees ein Landhaus bauen. Als ab 1869 diese Colonie und andere repräsentative Sommer-Villen für das gutbetuchte Bürger- und Großbürgertum am Wannsee erbaut wurden, erhitzten sich die Gemüter: Lehnten die einen die Störung der Natur durch Bautätigkeit und die »Wahnsinnsbahn« genannte Wannseebahn ab, so befürwortete Fontane die neue Zeit: »Der Grunewald auf diesem Uferstreifen zwischen Pichelsberg und dem Wannensee ist von ganz besonderer Schönheit. (...) von den Höhen aus, die sich am Fluß entlangziehen, sieht man auf die Dampfschiffe, die vorüberschaufeln, oder hört den Pfiff der Lokomotive, die die Ränder des Waldes durchschneidet. Die Natur wird durch diese Anlagen nicht verlieren, wohl aber gewinnen (... ja, eine) ›Villegiatur am Wannensee‹ wird nicht zu den verlorenen Sommern zählen.«

Es erfüllte Max Liebermann mit größter Genugtuung, dass er sich nur durch den Verkauf seiner Bilder 1910 sein Landhaus am Wannsee leisten konnte. Er

Liebermann-Villa am Wannsee

verzichtete hier auf prunkvolle Ausstattung und ähnelte es lieber Goethes Gartenhaus in Weimar mit seinem Geistesadel an. Die zauberische Wasserlandschaft zwischen Wannsee und Potsdam liebte er über alles, vor allem den Neuen Garten, zu dem er in den Sommermonaten fast jeden Abend hinüberfuhr. Er besuchte mit dem Boot auch das ästhetisch-arkadische Gartenparadies Neu-Cladow des Kunstsammlers Johannes Guthmann am anderen Havelufer, das von Max Slevogt künstlerisch gestaltet worden war und wo Berühmtheiten wie Walther Rathenau ein und aus gingen.

Bereits vor, aber verstärkt mit dem Beginn der NS-Zeit erfuhr Max Liebermann Zurückweisungen als Jude. Sein Nachbar, der berühmte Mediziner Ferdinand Sauerbruch, den Liebermann noch 1932 porträtiert hatte, gab Liebermann den Schlüssel vom Verbindungstürchen zwischen den beiden Grundstücken zurück. Liebermann, dessen Begräbnis zu anderen Zeiten eine Haupt- und Staatsaktion gewesen wäre, starb 1935 nahezu unbemerkt.

1938 übernahm der erfolgreiche Schauspieler Heinz Rühmann in der Colonie Alsen die arisierte Villa des jüdischen KaDeWe-Inhabers Adolf Jandorf zu einem stark herabgesetzten Preis. Ebenfalls Bestandteil dieser Villenkolonie war eine luxuriöse Fabrikantenviila, die sich in nächster Nachbarschaft zum Liebermann-Haus befand und in der am 20. Januar 1942 die Wannsee-Konferenz stattfand. Hier berieten hochrangige NS- und SS-Vertreter wie Reinhard Heyd-

Haus der Wannseekonferenz

rich, Adolf Eichmann oder Roland Freisler darüber, wie die »Endlösung der Judenfrage«, also die Deportation der gesamten jüdischen Bevölkerung und ihre systematische Vernichtung im Osten »organisatorisch durchgeführt« werden könne. Die heutige Ausstellung zu einem der größten Menschheitsverbrechen trägt den Titel »Die Besprechung am Wannsee und der Mord an den europäischen Jüdinnen und Juden.« Auch Liebermanns Frau Martha wurde ein Opfer der NS-Vernichtungspolitik: Kurz vor ihrer Deportation nach Theresienstadt durch die Gestapo 1943 nahm sich die hochbetagte Dame mit einer tödlichen Dosis Veronal das Leben.

Gegenüber dem Haus der Wannseekonferenz liegt am anderen Ufer das Strandbad Wannsee. 1908 erbaut und 1927 im neusachlichen Stil umgebaut, ist es bis heute das größte Binnenseebad Europas, das bis zu 30.000 Badegäste gleichzeitig aufnehmen kann. Zu Spitzenzeiten zählte das eher proletarisch geprägte Bad, auch »Lido der Armen« genannt, im Jahr 1930 weit über eine Million Besucher. Wenige Jahre nach den Schrecken der NS-Herrschaft, dem Holocaust und dem Ende des Zweiten Weltkriegs reüssierte Cornelia Froboes 1951 mit ihrem Sommerschlager »Pack die Badehose ein (...) nischt wie raus nach Wannsee«. Auf die Vorfälle auf einem benachbarten amerikanischen Militärübungsplatz, von dem aus einige Male Querschläger Badegäste verletzten, reagierte ein Ost-Berliner Kabarett zur Zeit des Kalten Kriegs mit den parodistischen Versen

Sandstrand und Eingang Strandbad Wannsee, Segelschiff auf dem Wannsee

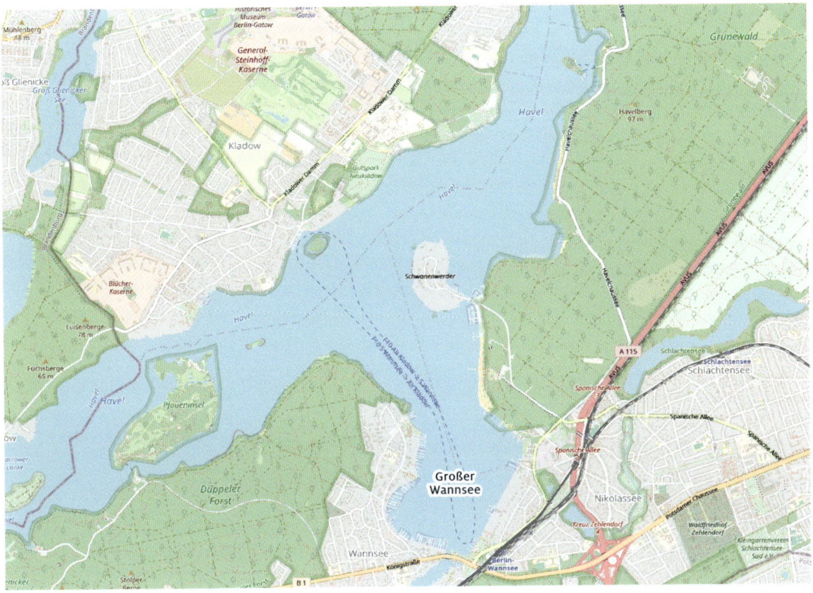

»schließ die Badehose ein, lass das Baden lieber sein, denn der Ami schießt am Wannsee«.

Der Wannsee, schon wegen seines Namens als »Badewanne der Berliner« bezeichnet, hat etymologisch mit der harmlos-behaglichen Wanne gar nichts zu tun, sondern beruht auf dem slawischen Wort »Wansa« für Natter. Man kann nur hoffen, dass die Nattern mit ihren verderblichen Kräften gebändigt und nie mehr wirksam werden, damit die schönen Wannseeblicke von Leistikow, Liebermann und vielen anderen mit den impressionistischen Lichtpünktchen auf den Wellen dauerhaft ihr Recht behaupten können.

22 Groß Glienicker See und Sacrower See

Der Groß Glienicker und der Sacrower See, einst durch einen Graben miteinander verbunden, der aber bereits vor etwa 30 Jahren austrocknete, sind nicht nur einladende Badeseen eiszeitlichen Ursprungs. In ihnen spiegelt sich auch die Geschichte des 20. Jahrhunderts in nuce.

Vor allem der Groß Glienicker See ist historisches Terrain, das der britische Journalist Thomas Harding in seinem Buch *Sommerhaus am See. Fünf Familien und 100 Jahre deutscher Geschichte* (2015) eindrucksvoll rekonstruiert. Vor der Einteilung des Ufers in Sommerhaus-Parzellen befand sich der See um 1900 in einem tiefen Dornröschenschlaf. So schreibt Harding, der Urenkel des jüdischen Arztes und Präsidenten der Berliner Ärztekammer Alfred Alexander, über den Groß Glienicker See: »Mit einer Länge von zweieinhalb Kilometern und einer Breite von 500 Metern war er groß genug, um darauf mit einer Jolle zu segeln (...) Im Osten und Westen reichte dichter Wald bis an das Seeufer: Schwarzerlen, hochragende Bäume mit schlanken schwarzen Stämmen und ausladenden Kronen sowie Trauerweiden, deren Äste über das Ufer hingen. (...) Das Seeufer war nicht erschlossen, es gab kein einziges Haus, keinen Hafen, nicht einmal einen Steg. Kein Wunder, dass dieses Gebiet ein Paradies für Vögel war.«

Als die Alexanders 1927 als eine der Ersten ein Wassergrundstück erwarben, ließen sie ein hölzernes Sommerhaus bauen, dessen Mörtel für die Fundamente die Bauarbeiter »aus Sand vom Seeufer, aus mitgebrachtem Kalk und Seewas-

GROSS GLIENICKER SEE UND SACROWER SEE

GRÖSSE: Groß Glienicker See: 66 Hektar; Sacrower See: 67 Hektar
ZUGANG: Groß Glienicker See: über Uferpromenade und Verlängerte Uferpromenade (Berlin-Kladow) bzw. über Seepromenade in Groß Glienicke; Sacrower See: über Groß Glienicke oder Sacrow, Krampnitzer Straße
BADEN: Groß Glienicker See: 2 Badestellen, mehrere Naturbadestellen; Sacrower See: mehrere Badestellen
BOOTE: Groß Glienicker See: Verleih von Ruder- und Tretbooten am Bootshaus Kladow
ÖPNV: Groß Glienicker See: ab Spandau mit dem Bus (Haltestelle »Gutsstr. (Berlin)« oder »Kurpromenade (Berlin)«); ab Falkensee, Bahnhof/Süd mit dem Bus (Haltestelle »Potsdam, Am Park«); Sacrower See: ab Potsdam, Park Sanssouci Bhf mit dem Bus (Haltestelle »Potsdam, Sacrower See«)
IN DER NÄHE: Alexanderhaus in Groß Glienicke, Schilfdachkapelle Kladow, ehemaliger Flughafen Gatow mit militärhistorischem Museum der Bundeswehr, Schloss Sacrow, Heilandskirche Sacrow
TIPP: Wander- und Radwege um den Groß Glienicker See (7,5 km) und um den Sacrower See (9,5 km)

Naturbadestelle am Groß Glienicker See

ser angerührt hatten«. Nach glücklichen Badesommern musste die jüdische Familie, die immer stärkeren NS-Repressionen ausgesetzt war, 1936 nach England fliehen. Bereits 1933 gehörte ein Teil des Groß Glienicker Gutsgebiets dem Reichsluftfahrtministerium, das 1935 den nahen Flughafen Gatow als Ausbildungsstätte für Görings expandierende Luftwaffe anlegen ließ, ein Flughafen, der nach 1945 den Briten diente und 1948/49 zu einem wichtigen Stützpunkt der Luftbrücke aufstieg. Übrigens wurde in dieser Zeit auch die Havel als Wasserlandeplatz für Flugboote und Frachtflugzeuge, die wassern konnten, genutzt.

Ab 1945 wandelten sich der Groß Glienicker See und auch der Sacrower See zum Brennpunkt der gnadenlosen Machtpolitik des Kalten Kriegs: Die westliche Seite des Groß Glienicker Sees befand sich auf dem Territorium der DDR, das östliche Ufer mit dem Ortsteil Kladow gehörte zu West-Berlin. 1953 entstand in Kladow die reetgedeckte Schilfdachkapelle für Gemeindeteile, denen es verboten war, nach Groß Glienicke zum Gottesdienst in die Dorfkirche zu gehen. Offiziell verlief nun die Grenze zwischen den Machtblöcken der östlichen und der westlichen Welt mitten durch den See. Noch aber konnte von beiden Ufern aus sommers gebadet und winters Schlittschuh gelaufen werden. Dieser Zustand fand mit dem Mauerbau im August 1961 ein jähes Ende. Während von der Kladower Seite aus der See bis zu den Bojen in seiner Mitte, die die Grenze markierten, weiterhin genutzt werden durfte, wurde Groß Glienicke durch die Grenzanlagen

Tor zum Gutspark Groß Glienicke, Alexander Haus in Groß Glienicke, Schilfdachkapelle Kladow

mit Todesstreifen, die erbarmungslos durch die Seegrundstücke verliefen, gänzlich vom See abgeschnitten. Nun war es von Groß Glienicke aus, das zu einer Zone mit Passierschein geworden war, kaum mehr möglich, den See zu sehen, geschweige denn, dort zu baden. Er war unerreichbar geworden.

Die DDR-Autorin Helga Schütz beschreibt in ihrem Roman *Grenze zum gestrigen Tag* (2002) die Perfektionierung der Grenzanlagen am Groß Glienicker See, die sich durch den Garten der Protagonistin ziehen. Wo zuerst nur ein Zaun verläuft, werden Betonplatten aufgestellt, Wachtürme errichtet, Minen verlegt und eine zweite, gleichhohe Mauer aufgestellt. Bewacht wird die Mauer von Grenzhunden, die in einer eigens dafür eingerichteten Schule im nahen Schloss Sacrow ausgebildet werden. Bäume, die im Grenzstreifen stehen, bringen DDR-Soldaten mit einem Gift namens »Wege-Rein« zum Absterben. Im Sommer dringt der Lärm des Badebetriebs von Kladow hinter die Mauer. Ein West-Pfarrer blinkt wochenlang regelmäßig am Abend vom Kladower Ufer mit seinen Autoscheinwerfern über den See zur anderen Seite hinüber, damit seine in der DDR lebende Freundin weiß, dass er an sie denkt.

Auch der hauptsächlich von Wald umgebene, sehr tiefe und fischreiche Sacrower See, an dessen Ufer sich nicht umsonst das Institut für Binnenfischerei befindet und den der Krimiautor Tim Pieper für einen der schönsten Seen Brandenburgs hält – »dieses Paradies hätte genauso gut in den Weiten Skandi-

Heilandskirche Sacrow am Jungfernsee unweit des nördlich gelegenen Sacrower Sees

Mauerreste an der Gedenkstätte am Nordufer des Groß Glienicker Sees

naviens angesiedelt sein können« –, lag nun im Grenzgebiet. Da die Mauer zu West-Berlin an seiner Nordostspitze verlief, stand der See unter Bewachung und wurde nachts sporadisch von Scheinwerfern abgesucht. 1986 ertrank ein 25-jähriger DDR-Bürger bei seinem Fluchtversuch im Sacrower See.

Auch das einstige Grundstück der Alexanders in Groß Glienicke endete ab 1961 nicht mehr am Seeufer, sondern direkt an der Mauer. So war die Freude übergroß, als die damaligen Bewohner 1990 im See, der fast 30 Jahre lang quälend unerreichbar gewesen war, endlich wieder schwimmen konnten. Da aber die Altlasten der Geschichte die Wasserqualität noch stark trübten, bemühte sich die Öffentlichkeit, so Thomas Harding, den See zu sanieren: »Seit 1994 hatten ihn freiwillige Helfer und Landesbedienstete von Müll befreit – von Ölfässern, Asbestplatten, Bleirohren und Stacheldraht –, den die DDR-Behörden im Wasser entsorgt hatten. Die Bundeswehr schickte Froschmänner, die die Minen entschärften und beseitigten, die noch über den flachen Grund des Sees verteilt waren. Dann investierte der Berliner Bezirk Spandau, der östlich an den See grenzte, Millionen Euro, um Tausende Tonnen Algen zu entfernen und anschließend Sauerstoff durch lange Plastikrohre in den See zu pumpen. So konnten schon bald darauf heimische Fischarten wiedereingeführt werden (…) Das Ergebnis kam einem Wunder gleich: Der Groß Glienicker See wurde letztendlich zu einem der saubersten Seen Europas erklärt.«

Nach 1990 stieg das einstige DDR-Ufer des Groß Glienicker Sees zu einer begehrten Adresse für betuchte Bauherren auf. Viele der ehemaligen Sommerhäuser mussten Luxusvillen im eleganten Bauhausstil weichen. Auch die Uferbereiche sollten wieder privatisiert werden, wogegen sich seit 2010 die Bürgerinitiative »Freies Groß Glienicker Seeufer« zu Wehr setzt – mit teilweisem Erfolg. Große Teile des Seeuferwegs, der als Ironie der Geschichte auf dem ehemaligen Kolonnenweg der Grenzanlagen verläuft, sind heute mit Badewiese und Skulpturenpfad frei zugänglich. Mauerreste mit Schautafeln an der Nordspitze des Sees erinnern an die willkürliche Teilung des reizvollen Gewässers, das allerdings durch die Klimaveränderungen in den letzten Jahren stark an Wasser verliert.

Bei dem Bauboom, der nach 1990 am Groß Glienicker Ufer herrschte, ist es ein Wunder, dass es Thomas Harding gelang, das heruntergekommene Sommerhaus seiner Familie vor dem drohenden Abriss zu retten und es unter Denkmalschutz stellen zu lassen. Heute steht das mit Spendengeldern historisch getreu restaurierte und mit charakteristischem Rautenmuster bemalte Haus zur Besichtigung offen. Denn, so der Urenkel der einstigen Besitzer, der mittlerweile den internationalen Verein »Alexander Haus« als Bildungs- und Versöhnungswerk gegründet hat, das Sommerhaus am Groß Glienicker See war und ist »ein Ort für die Seele«.

23 Heiliger See und Jungfernsee in Potsdam

Der Heilige See ist ein kleiner, aber historisch gewichtiger Teil einer zusammenhängenden Wasser- und Parklandschaft. Gemeinsam mit dem nördlich liegenden Sacrower und dem Groß Glienicker See bildet der Heilige See eine eiszeitliche Rinne, die von der mäandernden Havel in Gestalt des Jungfern- und des Griebnitzsees gekreuzt wird. Befindet sich das Ostufer des Heiligen Sees im Privatbesitz begüterter Villenbesitzer wie einst Wolfgang Joop oder jetzt Hasso Plattner, so gehört der westliche und nördliche Uferbereich zum öffentlich zugänglichen Gesamtkunstwerk des Neuen Gartens.

Ende des 18. Jahrhunderts unter König Friedrich Wilhelm II., dem Nachfolger Friedrichs des Großen, in bewusster Absetzung vom barock-rokokohaften Sanssouci angelegt, entstand hier ein englischer Landschaftsgarten mit Parkbauten, die alle damals verfügbaren Stilregister ziehen. Wurde das Marmorpalais am Seeufer im Stil des Frühklassizismus erbaut, so zeigt sich die benachbarte Schlossküche in Form einer künstlichen, halbversunkenen antiken Tempelruine, die Pyramide des Eiskellers und die Orangerie mit Sphinx zitieren Ägyptisches, und das holländische Etablissement für Hofgärtner ist der neugotischen Bibliothek benachbart, die die Büchersammlung Friedrich Wilhelms II. beherbergte und als Belvedere mit Blick über das Wasser zum Marmorpalais diente.

Bereits hier zeigt sich der grundlegende Charakter des Heiligen Sees: Von ihm nämlich strahlen Verbindungen und Blickachsen in verschiedene Richtungen aus. Natürlich lässt sich der knapp anderthalb Kilometer lange, grundwassergespeiste See an seinem nördlichen Ufer auch als Badegewässer, gerne von FKK-Anhängern, nutzen. Vor allem aber spiegelt er Geschehnisse von weltpolitischer Bedeutung, die sich hier wie in einem Brennglas zeigen.

Schon der Bau des Marmorpalais am Seeufer, begonnen 1787, reagierte seismografisch auf die Erschütterungen durch die Französische Revolution zwei

HEILIGER SEE UND JUNGFERNSEE

GRÖSSE: Heiliger See: 34 Hektar; Jungfernsee: 124 Hektar
BADEN: Heiliger See: Naturbadestelle an der nördlichen Spitze; Jungfernsee: mehrere Badestellen (z. B. hinter dem Hasengraben)
ÖPNV: Heiliger See und Jungfernsee: ab Wannsee mit dem Bus, ab Potsdam Hbf. mit der Tram (Haltestelle: »Glienicker Brücke«)
IN DER NÄHE: Schloss Cecilienhof, Marmorpalais, Gotische Bibliothek
TIPP: Schloss und Park Glienicke, Pfaueninsel

Blick auf das Marmorpalais am Heiligen See

Jahre später: Sollte sich das Schloss mit Schiffsanleger und repräsentativem Hauptzugang ursprünglich zur Wasserseite hin öffnen, um die gedankliche Offenheit und die Freiheit der Handelsbeziehungen Preußens zu symbolisieren, so vollzog Friedrich Wilhelm II. nach Ausbruch der Revolution eine bauliche Kehrtwende. Nun wandte er dem See und damit dem grenzüberschreitenden Austausch den Rücken zu und verlagerte den Eingang zum Marmorpalais auf die Landseite, zog sich also düpiert nach innen zurück. Was aber blieb, sind die Sichtachsen zur Pfaueninsel, nach Sacrow, nach Glienicke und Babelsberg und die Kanalverbindung zwischen Heiligem See und Jungfernsee, Hasengraben genannt. Durch diesen konnten nicht nur die preußischen Könige zu Bootspartien aufbrechen, sondern über ihn wird bis heute der Wasserspiegel des Heiligen Sees konstant reguliert, um die hölzernen Pfähle, auf denen das Marmorpalais gegründet ist, vor Austrocknung zu bewahren.

Im Jahr 1816 hatte der Gartenarchitekt Peter Joseph Lenné die Sichtachsen im verwilderten Neuen Garten freigelegt und erweitert, und auch heute lässt sich über das Wasser hinweg in der Ferne das Pfaueninselschlösschen erblicken, diese künstliche Ruine, die Friedrich Wilhelm II. für seine Geliebte, die Gräfin Lichtenau, auf dem Zaubereiland hatte erbauen lassen, von dem Fontane schwärmt: »Pfaueninsel! Wie ein Märchen steigt ein Bild aus meinen Kindertagen vor mir auf: ein Schloß, Palmen und Känguruhs; Papageien kreischen;

Blick auf die Pfaueninsel, Säulengang an der Heilandskirche Sacrow

Pergola des Kasinos im Schlosspark

Pfauen sitzen auf hoher Stange oder schlagen ein Rad; Volieren, Springbrunnen, überschattete Wiesen, Schlängelpfade, die überall hin führen und nirgends; ein rätselvolles Eiland, eine Oase, ein Blumenteppich inmitten der Mark.«

Auch die Heilandskirche von Sacrow, in dessen paradiesisch gelegenem Schloss der 1777 geborene Dichter Friedrich de la Motte Fouqué aufwuchs, das Casino und die Große Neugierde von Glienicke, die Glienicker Brücke und Schloss und Park Babelsberg sind in der romantisch-amphibischen Landschaft vom Heiligen See und vom Jungfernsee aus miniaturhaft in der Ferne auszumachen. Und die Blickachsen gingen hin und her. Eingestimmt durch die südländische Architektur des Glienicker Casinos mit seinen Pergolen konnten sich die preußischen Könige und Prinzen auf dem Casino-Altan bei Sonnenuntergang der Illusion hingeben, sie blickten nicht etwa über den schnöden Potsdamer Jungfernsee, sondern über die weite Wasserfläche des Golfs von Neapel. Hier spielten sie Italien, hier spielten sie mit Ruinenarchitektur, hier spielten sie mit kleinen Flotillen Seeschlachten nach, hier spielte Kaiser Wilhelm II. Norwegen mit seiner Matrosenstation Kongsnæs und England mit dem im Tudorstil erbauten Schloss Cecilienhof.

Aber aus Spiel wurde Ernst. Im cottageartigen Cecilienhof, den der spätere NS-Architekt Paul Schultze-Naumburg im Neuen Garten nahe dem Heiligen See während des Ersten Weltkriegs im englischen Heimatstil erbaute, trafen von Juli

Auf der Glienicker Brücke wurden während des Kalten Krieges Agenten ausgetauscht.

bis August 1945 Stalin, Trumann und Churchill zur Potsdamer Konferenz zusammen. Hier schrieben sie die Einteilung West- und Mitteldeutschlands in vier Besatzungszonen, die Abtrennung der ehemaligen deutschen Ostgebiete und damit die Oder-Neiße-Linie als neue Grenze zwischen Deutschland und Polen im Potsdamer Abkommen fest. Darüber hinaus gab Truman während der Konferenz den telefonischen Befehl für den Atombombenabwurf auf Hiroshima. Die drei Mächtigen der Welt logierten in dieser Zeit in drei repräsentativen Villen am Ufer des nahegelegenen Griebnitzsees. Der Kalte Krieg hatte begonnen.

Als 1961 das DDR-Regime den Bau der Mauer befahl, wurde auch die Potsdamer Park- und Wasserlandschaft brutal zerschnitten: Im Säulenumgang der Sacrower Heilandskirche heulten die Grenzhunde, Verbindungsachsen wurden gekappt, Blickschneisen vom Marmorpalais zur Pfaueninsel prallten an der Mauer ab, der Griebnitzsee und der Jungfernsee wurden mit perfiden Zäunen und Grenzanlagen unter Wasser verborgene »antifaschistische Schutzwälle«, die Glienicker Brücke teilte der Eiserne Vorhang und vor dem Marmorpalais ragten zwischen den Eingangskolonnaden Raketenspitzen in den Himmel, war doch hier seit 1961 das Armeemuseum der DDR untergebracht.

Das ist nun seit 1990 glücklicherweise Geschichte. Heute kann man vom Biergarten der Meierei oder von der wiedererrichteten Einsiedelei am Ufer des Jungfernsees über die weite Wasserlandschaft blicken und den Booten zusehen,

Gotische Bibliothek am Heiligen See, Schloss Cecilienhof im Neuen Garten

darunter vielleicht auch dem historisch getreu rekonstruierten Segelschiff von 1832 »Royal Louise«, Booten, die souverän von der Pfaueninsel nach Sacrow segeln oder von Babelsberg unter der Glienicker Brücke her gen Westen schippern, ungehindert Richtung Elbe, Richtung Nordsee.

Linke Seite: Matrosenstation Kongsnaes, Blick von Schloss Babelsberg nach Glienicke, Meierei im Neuen Garten, Blick vom Pfingstberg über die Havel

24 Havelseenkette bei Brandenburg: Trebelsee, Beetzsee, Breitlingsee, Möserscher See, Plauer See, Wendsee

Wer mit dem Fahrrad von Phöben auf dem Havelradweg nach Brandenburg fährt, erlebt den Lauf der mittleren Havel als eine »lange Kette von Seen, Buchten und Becken«, wie Fontane es treffend ausdrückte. Der von einem Schilfgürtel umgebene Trebelsee, von dem die Sage zu berichten weiß, dass er »sehr tief« sei, weist heute eine geringe Tiefe von maximal vier Metern auf und ist im Sommer derart verkrautet und versandet, dass die Fahrrinne regelmäßig ausgebaggert werden muss. Sehenswert sind neben der Ziegelpflasterstraße, die von Schmergow zum Trebelsee führt und die auf die frühere Ziegelproduktion hinweist, die »Deetzer Erdelöcher«, über die es in Tim Piepers Kriminalroman *Tiefe Havel* heißt: »Die Tongruben waren in den achtziger Jahren geflutet worden und hatten sich zu einem Anglerparadies entwickelt. Auf einundfünfzig Hektar befanden sich Teiche

HAVELSEENKETTE BEI BRANDENBURG

GRÖSSE: Trebelsee: 298 Hektar; Beetzsee: 386 Hektar; Breitlingsee: 513 Hektar; Möserscher See: 350 Hektar; Plauer See: 640 Hektar

ZUGANG: Trebelsee: über Zachow (Ketzin/Havel) oder über Schmergow oder Deetz; Beetzsee: über Brandenburg oder über Beetzsee (Gemeinde); Breitlingsee: über Brandenburg (Havel); Möserscher, Plauer und Wendsee: über Kirchmöser oder Plaue

BADEN: Trebelsee: Naturbadestelle in Zachow; Beetzsee: mehrere Badestellen; Breitlingsee: Badestelle Malge; Möserscher See: mehrere Badestellen (z. B. Badestelle Kirchmöser mit WC und Imbiss in der Nähe); Plauer See: mehrere Naturbadestellen; Wendsee: Badestelle Plaue mit Spielplatz

BOOTE: Mehrere Bootsverleihe und Wassersportzentren im Gebiet der Seenkette

ÖPNV: Trebelsee: ab Groß Kreutz (Havel) mit dem Bus (Haltestelle »Schmergow, Ziegeleiweg«); Beetzsee: ab Brandenburg (Havel) Hbf./ZOB mit dem Bus; Möserscher See: ab Kirchmöser/Brandenburg (Havel) mit dem Bus (Haltestelle: »Rundbau, Brandenburg an der Havel«); Plauer und Wendsee: ab Kirchmöser/Brandenburg (Havel) mit dem Bus (Haltestelle: »Wendseeufer, Brandenburg an der Havel«)

IN DER NÄHE: Ziegelpflasterstraße in Schmergow, Deetzer Erdelöcher, Dorfkirche und Bockwindmühle in Ketzür, Rathaus Brandenburg mit Rolandsfigur, Industriepark mit Wasserturm in Kirchmöser; Schloss und Park Plaue

TIPP: Havelradweg vom Trebelsee entlang der Havel, durch Brandenburg und entlang des Breitlingsees, Möserschen Sees und Plauer Sees; verschiedene Wander- und Radwege in Beetzsee-Nähe

Havelseenkette bei Deetz

mit Seerosen, wacklige Holzbrücken, Badestellen, Schilfgürtel, Laubbäume und verwunschene Trampelpfade.«

Die umfangreiche Bauschuttdeponie bei Deetz direkt am Ufer des Trebelsees, die noch ausgebaut werden soll, basiert vor allem auf Bauschutt, der zur Zeit des Kalten Kriegs von West-Berlin hierher gebracht worden war, als man westlichen Abfall gegen Devisen handelte. In Piepers Krimi *Dunkle Havel* spielt übrigens die Kormorankolonie am Trebelsee eine Rolle, die den Hass einiger Bösewichte auf sich zieht. Dieser entlädt sich nicht nur in Wut-Videos im Internet, die brennende Zeichentrickvögel und darunter den Schriftzug »burn, Kormoran, burn« zeigen, sondern auch in einem Kormoranmassaker am Trebelsee, durch das die schwarzen, »hochgradig spezialisierten Fischjäger« dezimiert werden sollen. Zwar handeln die Verbrecher aus reiner Lust am Töten, aber auch ein Naturschützer gibt zu bedenken, dass sich »Teichwirte und Vogelschützer« wegen der zwiespältigen Vögel, »die jeweils bis zu einem halben Kilo Fisch am Tag verzehren«, »spinnefeind« sind.

Die sich nordöstlich von Brandenburg 18 Kilometer lang ausdehnende schmale eiszeitliche Rinne des Beetzsees mit dem Naturschutzgebiet »Möweninsel Buhnenwerder« ist eine auch international bekannte Regattastrecke. Campingplätze, Ferienhäuser und Ausflugslokale liegen direkt am Ufer des Sees, in dem man baden, segeln, angeln, rudern und Motorbootfahren kann. Um Teile

Gotisches Rathaus mit Rolandsfigur in Brandenburg an der Havel

Badesteg am Beetzsee

des langgestreckten Sees verlaufen Rad- und Wanderwege. Viele kleine Seen in der Nähe des Beetzsees und der Havel, die sogenannten Erdelöcher, verweisen auf die Ziegeleien, die hier im 19. Jahrhundert Klinker herstellten.

Sehenswerte Orte am Ufer sind Ketzür mit gotisch-renaissancistischer Dorfkirche und einer historischen Bockwindmühle, die Besuchern offensteht, und Mötzow mit seinem Gutshof, der zum zweitschönsten Bauernhof Deutschlands gekürt wurde. Auf dessen Terrain liegt das mittlerweile wieder geschlossene N'Ostalgiemuseum, das sich dem Alltag in der DDR widmete. Mötzow, Bollmannsruh und Bagow sind auch Schauplätze der Open-Air-Konzerte am Beetzsee, bei denen vor der Seekulisse im Sommer klassische Musik und Jazz gespielt werden.

Am südlichen Ende des Beetzsees nun liegt die Stadt Brandenburg, die Wiege der Mark, die von etlichen Seen eingefasst ist. Über die Altstadt, die sich mit dem Dom und anderen Kirchen auf verschiedenen Havelinseln ausbreitet, heißt es im *Merian* von 1652, sie sei »aller Orthen mit Wasser umbgeben. Von Morgen (Osten) laufft die Havel / so da tieff / und breit / dardurch; so Sie auch von Mittag (Süden) und Abend (Westen) umbgiebet. Von Nord Ost hat sie einen grossen See / so zwo Meilen lang ist (Beetzsee)«. Da im Mittelalter die Havel durch Dämme bei der Dominsel gestaut wurde, um Wassermühlen betreiben zu können, verursachte der Wasserrückstau die heute noch ausgedehnten Feucht-

Bockwindmühle und Dorfkirche in Ketzür

gebiete an der mittleren Havel, deren schilfumgürtete Wasserlandschaft sich bis mitten in die Stadt hineinschiebt.

Vor dem backsteingotischen Altstädtischen Rathaus aus dem 15. Jahrhundert steht die mächtige Rolandsfigur von 1474, ein deutliches Symbol für städtische Selbstständigkeit und rechtliche Unabhängigkeit der Bürger von Adel und Klerus. Auch die vier Tortürme der Stadtmauer und das gotische Haus von 1452 weisen auf die einstige Bedeutung der Stadt Brandenburg hin. Übrigens ist der ungemein historisch klingende Name »Brennabor« für Brandenburg wohl ein künstlicher, von einem böhmischen Pater im 17. Jahrhundert ersonnener slawischer Name, der vermutlich nur wegen der später hier angesiedelten Kinderwagen-, Fahrrad- und Autofirma »Brennabor« heute noch bekannt ist.

Doch von slawischen, sprich wendischen Ursprüngen wollte man ab 1933 nichts mehr wissen, als die NS-Ideologie propagierte, dass alle Bevölkerungsteile, die von der »arisch« normierten »Volksgemeinschaft« abwichen, vernichtet werden sollten. So fanden ab 1940 in Brandenburg über 9000 Euthanasiemorde an Menschen mit Behinderungen, psychisch Kranken und jüdischen Opfern in Gaskammern, die als Duschen getarnt waren, statt. Etliche hiesige Täter übernahmen später entscheidende Positionen bei der Vernichtung der Juden im besetzten Polen. Schon zu Beginn des »Dritten Reichs«, das besonders dunkle Schatten auf Brandenburg warf, wurde im Alten Zuchthaus eines der ersten KZs

Loriot-Skulptur in Brandenburg an der Havel, Wasserturm in Kirchmöser

eingerichtet. Widerstandskämpfer gegen das NS-Regime, darunter Robert Havemann und Erich Honecker, wurden im Zuchthaus Brandenburg-Görden inhaftiert und etliche von ihnen hier hingerichtet. Verschiedene Gedenkorte in Brandenburg, darunter die Gedenkstätte »Opfer der Euthanasie-Morde«, erinnern an diese Gräueltaten. Während der NS-Zeit stieg das Brandenburger Stahlwerk von 1912 zu einem der wichtigsten Standorte der Rüstungsindustrie auf, ein Terrain, das heute als Teil der Europäischen Route der Industriekultur zum Museum mit »Brennabor«-Ausstellung umgestaltet ist.

Übrigens absolvierte der Schauspieler Manfred Krug in den 1950er Jahren hier eine Lehre zum Stahlschmelzer, die ihre Spuren hinterließ, war doch ein flüssiger Stahlspritzer für die charakteristische Narbe auf seiner Stirn verantwortlich.

Noch enger mit Brandenburg verbunden ist der Humorist Vicco von Bülow alias Loriot, der 1923 hier geboren wurde. Ihm verlieh man nicht nur die Ehrenbürgerschaft der Stadt, ihn und sein Werk ehrt Brandenburg mit »Loriots Weg«, dem Loriot-Denkmal und mit mittlerweile etwa 25 Waldmops-Skulpturen. Diese sehr beliebten Mopsfiguren in verschiedenen Posen mit kleinem Geweih sind über die Stadt verteilt und können auf speziellen Rundgängen entdeckt werden. Dass Brandenburg in eine einzigartige, teilweise industriell geprägte Wald-, Wiesen- und Wasserlandschaft eingebettet ist, erschließt sich am deutlichsten

Wasserlandschaft bei Kirchmöser, Schloss Plaue am Plauer See

Gartenstadt Plaue

vom Aussichtsturm Friedenswarte auf dem Marienberg, von dessen oberster Etage sich weite Panoramablicke öffnen.

Der westlich von Brandenburg gelegene Breitlingsee, der durch verschiedene, teilweise unter Naturschutz gestellte Inseln vom Möserschen und vom Plauer See abgeteilt ist, weist, ebenso wie die beiden anderen Havelseen, eine gute Wasserqualität auf und zieht Badegäste und Wassersportler an. Am Ufer des Möserschen und des Plauer Sees liegt Kirchmöser, wo 1914, zu Beginn des Ersten Weltkriegs, eine riesige Pulverfabrik mit 400 Fabrikgebäuden errichtet wurde. Die dazugehörigen über 170 seenahen, heute noch bestehenden Werkswohnungen entstanden unter der Bauleitung von Bruno Taut. Nach 1918 wurde das Fabrikgelände zu einem Reichsbahnausbesserungswerk umgestaltet, nach 1945 fand hier ein sowjetisches Panzerreparaturwerk seinen Platz. Heute führt ein Industrielehrpfad durch den ausgedehnten Industriepark, von dessen Wasserturm Besucher weit über Brandenburg und die Seenlandschaft blicken können.

Die Städtchen Kirchmöser und Plaue sind nicht nur durch die geschwungene Seegartenbrücke in Stahlfachwerkbauweise miteinander verbunden. Auch in Plaue entstand 1915 eine Gartenstadt für die Arbeiter der Pulverfabrik mit über 200 Einfamilien-Reihenhäusern, die heute unter Denkmalschutz stehen.

Im Barockschloss von Plaue, das – in unrenoviertem Zustand – direkt am Ufer des Plauer Sees liegt und heute in seinem Innenhof Gastronomie und in

Alte Plauer Brücke

einem Nebengebäude Übernachtungen anbietet, soll der Soldatenkönig seinen Sohn Friedrich II. zum Ritter geschlagen haben. Gesichert ist jedenfalls, dass der russische Zar Peter I. hier logierte. Im ufernahen Park, einem englischen Landschaftsgarten, der sich auf dem Havelradweg bestens erkunden lässt, ist nicht nur der älteste Tontaubenschießstand der Welt mit Bärenfigur und Skulptur einer Himalayaziege zu bewundern. Es wird hier auch mehrfach an Fontane erinnert, der in seinen *Wanderungen*, genauer gesagt im Band *Fünf Schlösser*, Schloss Plaue ein ausführliches Kapitel widmet. Ein Fontaneweg führt durch den Park, in dem zwei zeitgenössische Denkmäler zu sehen sind: zum einen Fontane in dynamischer Wanderpose und zum anderen die Skulptur *Mit Fontane zu Tisch* direkt am Ufer des Plauer Sees. Hier sieht man einen zweidimensionalen, scherenschnittartigen Metall-Fontane mit Weinglas am Tisch sitzen, ausgeschnitten aus einer Metallplatte, deren Negativform ebenfalls den pokulierenden Schriftsteller zeigt, der sich selbst zuprostet. Die leeren Umrisse Fontanes sehen aus den meisten Blickwinkeln so aus, als wären sie mit dem immer bewegten Seewasser lebendig ausgefüllt.

Von hier blickt man auf die alte Havelbrücke von 1903 mit Stahlbögen und Jugendstilgeländer, die nach umfassender Renovierung nur noch Fußgängern und Radfahrern offenstehen wird. Fontane erwähnt in seinen ausführlichen Beschreibungen des Schlosses Plaue auch Blickverbindungen über die Was-

Der Plauer Torturm in Brandenburg (Havel)

Originelle Fontane-Skulptur am Ufer des Plauer Sees

serfläche hinweg. So sei der Schloss-Balkon, der auch heute noch gewisse serailartige Züge trägt, »in einer, durch den Blick über die Havel und den Plauenschen See wachgerufenen Erinnerung an Konstantinopel erbaut worden«, »eine schwere Aufgabe«, seufzt Fontane, »denn von der anderen Havelseite her blickte, statt Konstantinopel und des Halbmondes von der Hagia Sophia, nur das Storchennest einer Ziegelscheune herüber«. Und doch weiß er auch das andere Ufer als eine »hübsche Stelle« zu würdigen, zumal hier der unternehmerische Landwirt Carl Ferdinand Wiesike eine heute nicht mehr bestehende Villa mit blühendem Park errichtet hatte. Dieser auf meliorisiertem Gelände angelegte Park mit Rondellen und Schlängelwegen, mit Blumenbeeten, Flieder- und Goldregenbüschen, in dem Melonen, Pfirsiche, Aprikosen und »pfundschwere Birnen« wuchsen, verwandelte »das unfruchtbare Sand- und Sumpfland in ein Garten-Eden«, was in der heutigen verwinkelten Freizeitanlage Margaretenhof kaum nachzuvollziehen ist. Neben seinen Parkgestaltungen beschäftigte sich der philosophisch an Schopenhauer interessierte Wiesike vor allem mit der Lehre der Homöopathie, weswegen sein Haus am Ufer des Plauer Sees zu einem »Wallfahrtsort für die Kranken und Gebrechlichen des Havellandes (wurde), die zu vielen Hunderten kamen und auf Flur und Treppenstufen und, als ihrer immer mehr wurden, auch wohl im Freien lagernd, die Hilfe des Wunderdoktors anriefen«. Fontane, der Wiesike in seiner Mischung aus »Pfadfinder und

Sokrates, von Diogenes und Lukull« »zu den interessantesten Figuren, die mir auf meinem Lebenswege begegnet sind« zählt, hebt auch hervor, warum er »die zur ›Villa Wiesike‹ umgewandelte ehemalige Lehmkate« mit ihrem idyllischen Park so schätzt. Es geht ihm um weite, sozusagen dialogische Blicke über Wasserflächen, die nicht ins Leere laufen, sondern auf ein Gegenüber treffen, das zurückblickt: »wenn das eine lange Front bildende Schloß durch den Blick auf das Idyll und seine Gartenanlagen gewann, so gewann das Idyll durch den Blick auf das Schloß mit seinen in der Sonne blinkenden Fensterreihen und seinen historischen Erinnerungen«.

Von Schloss Plaue aus ist zwar heute nicht mehr die Villa, sondern nur der Yachthafen von Margaretenhof zu sehen, von diesem aus aber erschließt sich das ehemalige Schloss derer von Görne in seiner vollen barocken Wucht. Zwischen den beiden Ufern schwappt und plätschert, gluckst und gluckert das Wasser des Plauer Sees, der östlich in den Wendsee übergeht. Es ist eben dieses murmelnde Geräusch des Wassers, das dem benachbarten Wendsee einst seinen Namen gab, als er noch bis etwa 1700 Kiausee hieß, was auf das altslawische Wort für »brummeln« oder »murmeln« zurückgeht. Später in Wendsee umbenannt, ist er ein Gewässer, das nur noch leise vor sich hinbrummelnd und murmelnd von der Vergangenheit der Wenden kündet.

Im Nordwesten von Berlin

Stechlinsee

25 Tegeler See und Nieder Neuendorfer See

Der Tegeler See mit seiner belebten Greenwichpromenade und der denkmalgeschützten Sechserbrücke von 1908, mit den Naturbadestellen und dem Strandbad, mit seinen sieben Inseln inklusive Fährbetrieb, mit den Bootsanlegern, Ruderclubs, Yachthäfen und seiner Passagierschifffahrt ist ein eher unruhiger, stark frequentierter See. Hier und am Wannsee mussten sich während der Zeit des Kalten Kriegs die West-Berliner Freunde des Wassersports auf begrenztem Raum zusammendrängen.

Wer aber mit dem Fahrrad am Tegeler See entlangfährt und schließlich über Stege, Brückchen und Brücken den Mauerweg Richtung Nieder Neuendorfer See einschlägt, kann sich nicht nur an den wechselnden Bildern der grün-blauen Wasserlandschaft erfreuen, sondern streift auch noch, fast im Vorbeifahren, etwa 250 Jahre deutscher Geschichte.

TEGELER SEE UND NIEDER NEUENDORFER SEE

FLÄCHE: Tegeler See: 450 Hektar; Nieder Neuendorfer See: 9,46 Hektar
ZUGANG: Tegeler See: über Greenwichpromenade; Nieder Neuendorfer See: auf Berliner Seite über Schönbaumer Weg oder Heiligensee-/Hennigsdorfer Straße, auf brandenburgischer Seite: Parkplätze an der Badestelle oder der Landzunge
BADEN: Tegeler See: Badestelle Saatwinkel, Reiswerder Strand, Badestelle Reiherwerder, Strandbad Tegelsee; Nieder Neuendorfer See: 2 Badestellen (WC, Kiosk, Spielplatz), weitere Naturbadestellen
BOOTE: Tegeler See: Bootsverleih, ab Borsighafen und Greenwichpromenade fahren Ausflugsschiffe; Nieder Neuendorfer See: Schiffsrundfahrten über die Havelseen ab Henningsdorfer Hafen
ÖPNV: Tegeler See: Badestelle Saatwinkel: ab U Rathaus Spandau mit dem Bus (Haltestelle »Maienwerderweg«); Reiswerder Strand: ab U Rathaus Spandau mit dem Bus (Haltestelle »Weg nach Reiswerder«); Badestelle Reiherwerder: ab S Waidmannslust oder ab U Alt-Tegel mit dem Bus (Haltestelle »Mühlenweg«, ab da 30 Minuten Fußweg); Strandbad Tegelsee: ab S Waidmannslust oder ab U Alt-Tegel mit dem Bus (Haltestelle »Scharfenberg (Berlin)«); Nieder Neuendorfer See: Badestelle Sandhausen (Berliner Seite): ab S Tegel mit dem Bus: (Haltestelle »Rallenweg«)
IN DER NÄHE: Schloss Tegel mit Humboldt-Grabstätte (Schlosspark nicht durchgängig geöffnet), Dicke Marie (Ältester Baum Berlins), Feuerwehrmuseum, Borsigwerke Tegel, Schulfarm Scharfenberg, Freibad Heiligensee, Grenzturm am Nieder Neuendorfer See mit Dauerausstellung
TIPP: Rundweg um den Tegeler See mit Fährübersetzung am südlichen Ende (etwa 20 km), Wanderweg entlang des Tegeler Fließes; Fahrradrundweg um den Nieder Neuendorfer See (20 km) mit Fährübersetzung am südlichen Ende

Nieder Neuendorfer See im Nebel

An der Nordspitze des Tegeler Sees, der hier Große Malche heißt, steht die »Dicke Marie«, der älteste Baum Berlins, eine schon 1778 von Goethe besuchte Eiche, die Alexander und Wilhelm von Humboldt scherzhaft nach ihrer beleibten Köchin benannten. Im nahen Humboldt-Schloss, das auch heute noch von Nachfahren der Familie bewohnt wird, verbrachten die Humboldtbrüder etliche Kindheitssommer. Später bezog Wilhelm von Humboldt das Schloss und ließ es 1820 bis 1824 von Schinkel klassizistisch umgestalten. Im Inneren finden sich antike Skulpturen und Abgüsse sowie ein Vestibül, das wie ein altrömisches Atrium mit Brunnen gestaltet ist. Auch an der Anlage des Schlossparks und der Humboldt-Grabstätte war Schinkel beteiligt. Die Skulptur *Spes* (Hoffnung) stammt von Bertel Thorvaldsen. Als Gottfried Keller im Humboldt-Schloss zu Gast war, verfasste er das Gedicht *Am Tegelsee*, in dem er nicht nur das Schloss besingt – »Es glänzt ein stilles weißes Haus« –, sondern auch die Nähe zum See: »Trittst du hinaus, den Föhrensaum / sieh ernst den See umgeben. / In seinen Wipfeln rauscht der Traum / vom ferneblauen Leben.«

Aber Tegel steht nicht nur für preußisches Gelehrtentum, sondern auch für die industrielle Blüte der Firma Borsig, deren Werk um 1900 von Moabit an den Tegeler See umzog. Die Familie Borsig, zu Zeiten der Dampfloks der größte Lokomotivenhersteller Europas und der zweitgrößte der Welt, ließ am Ufer des Tegeler Sees auf dem Reiherwerder 1911 die Villa Borsig in stilistischem Anklang

Blick auf den Tegeler See von oben, neues Wohnquartier am Tegeler Hafen

Humboldtschlösschen in Tegel

an Schloss Sanssouci in Potsdam errichten, eine Villa, in der nach 1945 der Oberbefehlshaber der französischen Truppen residierte. Heute ist hier, neben der Akademie Auswärtiger Dienst, das Gästehaus des Außenministeriums untergebracht.

Auch zwei der sieben Inseln im Tegeler See sind von historischer Bedeutung. So wurde auf der Insel Scharfenberg 1922 unter dem Motto »Lernen mit Kopf, Herz und Hand« eine reformpädagogische Schulfarm gegründet, die auch Arbeiterkindern offenstand, ein demokratisches Miteinander förderte und auch heute noch bzw. wieder als ein beliebtes Gymnasium gilt. Berühmtester Schüler in den Jahren vor der NS-Zeit war Hans Coppi, der 1942 als Mitglied der Widerstandsgruppe Rote Kapelle in Plötzensee hingerichtet wurde. Während er sich mit seinem kommunistischen Kreis zu Beginn der NS-Zeit heimlich auf Scharfenberg traf, führte Wernher von Braun auf der kleinen, durch Schlacke aus den Borsigwerken erweiterten Insel Lindwerder nördlich von Scharfenberg erste Raketenversuche durch.

Der Zerfall der Welt nach dem Zweiten Weltkrieg in zwei Blöcke, die sich feindselig gegenüberstanden, lässt sich auch heute noch wie durch ein Brennglas nachvollziehen, wenn man mit dem Rad vom Tegeler See über eine Havelbrücke immer am westlichen Ufer der Havel entlang Richtung Norden fährt. Dort, wo einst die Mauer West-Berlin von der DDR trennte, befanden sich zwei

Strandbad Tegel, Fähre von der Insel Reiswerder, Grenzturm am Nieder Neuendorfer See

skurrile West-Berliner Exklaven. Diese auf DDR-Terrain liegenden Wochenendkolonien Fichtewiese und Erlengrund, die von der Mauer umgeben waren, konnten nur von wenigen berechtigten Personen durch ein Tor in der Mauer, an der sich eine Klingelanlage befand, betreten werden.

Der ufernahe Berliner Mauerweg markiert zwar den Mauer-, nicht aber den exakten Grenzverlauf. Denn die deutsch-deutsche Grenze, die sich heute mit der Grenze zwischen Berlin und Brandenburg deckt, durchschnitt ein Stück der Havel und den Nieder Neuendorfer See zur Gänze. Auch im und unter Wasser wurden die Grenzanlagen von Ost nach West verstärkt. So versenkte man im Nieder Neuendorfer See am Kontrollpunkt Hennigsdorf mehrere Arbeitsschiffe, sogenannte Göring-Kähne, in Fahrtrichtung West-Berlin, die man mit Bauschutt und Erde zu einer künstlichen Mole auffüllte, um Fluchtversuche zu vereiteln oder zumindest zu erschweren. Das Stahlwerk Hennigsdorf, das an den Nieder Neuendorfer See grenzt, war übrigens am 17. Juni 1953 mit dem Protestmarsch von 5000 Werktätigen durch Berlin an vorderster Front beteiligt. Kurz zuvor, 1951/52, hatte das DDR-Regime den Bau des Havelkanals Richtung Westen verfügt, um den Schiffsverkehr nicht mehr durch die Oder-Havel-Wasserstraße, die durch den Nieder Neuendorfer See verläuft, sondern um West-Berlin herum zu leiten. Heute erinnern am Mauerweg nicht nur einige Hinweistafeln auf Opfer, die bei Fluchtversuchen von Ost nach West ums Leben kamen, an die dunklen Mauer-

zeiten. Auch ein Grenzturm direkt am Seeufer, der 1987 als Führungsstelle für 18 weitere Grenztürme errichtet wurde, ist erhalten und zeigt in seinem Inneren den Aufbau und die internen Überwachungsmechanismen der Grenztruppen ebenso wie Schicksale von Flüchtlingen und Oppositionellen.

Wer heute an der Naturbadestelle »Am Alten Strom« am westlichen Ufer des sechs Kilometer langen Nieder Neuendorfer Sees sitzt und in östliche Richtung nach West-Berlin schaut, wird sich nur mit Mühe die unheilvolle Vergangenheit des geteilten Sees vorstellen können, die sich zunehmend in den Lichtpünktchen auf den Wellen auflöst.

26 Lehnitzsee

Der Lehnitzsee vor den nördlichen Toren Berlins trägt ein doppeltes Gesicht, das zwischen der Unbeschwertheit heiterer Sommertage und dunkler historischer Belastung changiert. In Merians Beschreibung von Oranienburg aus dem Jahr 1652 ist alles noch eitel Sonnenschein. Hier findet nicht nur der Lehnitzsee bereits indirekt Erwähnung – »auch seynd gar nahe hierbey unterschiedene grosse Fischreiche See« –, sondern auch die Gemahlin des Großen Kurfürsten, Luise Henriette von Oranien, über die es heißt, dass sie sich wegen der »überauß anmuthigen Lustigkeit der situation alda vielfeltig erlustiget«. Die verzweigten Wasserarme der Havel, die sie an ihre niederländische Heimat erinnerten, gefielen der Oranierin so gut, dass sie hier ein Schloss im holländischen Stil errichten ließ, das die erste europäische Porzellansammlung beherbergte. Ihr zu Ehren wurde der vormalige Ort Bötzow schließlich in Oranienburg umbenannt.

Der Lehnitzsee, der zum Oranienburger Stadtgebiet gehört, ist ein etwa zweieinhalb Kilometer langer, buchtenreicher Toteissee, der vor 1914 durch das Lehnitzfließ mit der Havel verbunden war, dann aber durch den Malzer Kanal und die Lehnitzschleuse nördlich des Sees Teil der Oder-Havel-Wasserstraße und des »Großschifffahrtswegs Berlin–Stettin« wurde. Immer wieder durchqueren ihn auch heute noch langsam tuckernde Lastkähne auf ihrem Weg von und nach Stettin oder Breslau, denen Freizeityachten geschickt ausweichen und von deren Bug- und Heckwellen sich Ruderboote schaukeln lassen.

Der Lehnitzsee ist kein ganz stiller See. Bootshäuser, ein Yachthafen mit Hafenrestaurant und Bootsverleih, zwei ausgewiesene Badestellen, die eine mit viel Sand, die andere mit Liegewiese und Spielplatz, verleihen dem See einen belebten Charakter, auch, wenn das Wasser zum Baden zwar erlaubt, aber von nur mäßiger Qualität ist. Dass Sarah Kuttner den Lehnitzsee in ihrem Roman *Kurt* den »Buckligen und Pickligen« unter den Seen nennt, der »fast immer leer« sei, ist eher übertrieben. Der Uferweg mit Schautafeln zu Flora und Fauna wird

LEHNITZSEE

GRÖSSE: 81 Hektar
BADEN: 2 Badestellen (Oranienburger Strand, Weißer Strand), weitere Naturbadestellen
BOOTE: Bootsverleih an der Badestelle Oranienburger Strand
ÖPNV: S Oranienburg, S Lehnitz
IN DER NÄHE: Schloss Oranienburg, Gedenkstätte und Museum Sachsenhausen
TIPP: Um den See führt ein Rundweg (8 km), am westlichen Ufer verläuft der Radweg Berlin–Kopenhagen

Der Lehnitzsee im Winter

von Fußgängern und vor allem von Radfahrern stark genutzt, führt doch ein Teil des Radwegs Berlin–Kopenhagen am Westufer des Lehnitzsees entlang. Und doch finden sich am Ufer immer wieder verschwiegene Plätze für Angler und ruhesuchende Spaziergänger, die sich ungestört den wechselnden Lichtspielen auf den Wellen überlassen können. So weit die heitere Seite.

Unweit der nördlichen Spitze des Lehnitzsees beginnt das historisch belastete Terrain, die Gedenkstätte des Konzentrationslagers Sachsenhausen, in dem mehrere Zehntausend Häftlinge ermordet wurden. Am Rande dieses Areals finden sich noch heute Einfamilienhäuser mit spitzem Dach, in denen früher die KZ-Aufseher wohnten, und auch das große Verwaltungsgebäude, heute Finanzamt, ist erhalten. In der NS-Zeit wurden von hier aus alle Konzentrationslager sowohl im Deutschen Reich als auch in allen besetzten Gebieten verwaltet. Nur ein paar Hundert Meter weiter nördlich liegt am Oder-Havel-Kanal der sogenannte Klinkerhafen, in dem die Gefangenen Steine verladen mussten für den Aufbau der von Albrecht Speer geplanten Hauptstadt Germania. Immer wieder wurde die Asche toter, im Krematorium des Lagers verbrannter KZ-Insassen in dieses Hafenbecken geschüttet. Ein Besuch der Gedenkstätte des Konzentrationslagers, die in verschiedenen, noch erhaltenen Baracken untergebracht ist, sowie der Erinnerungsstätte unter freiem Himmel am Rande des Klinkerhafens ist sehr zu empfehlen.

Schleuse Lehnitz, Schloss Oranienburg, Gedenkstätte Sachsenhausen

Auch die gelblichen Klinker für die Waldsiedlung mit harmlosen Straßennamen wie »Waldring« und »Alter Kiefernweg« nahe dem östlichen Ufer des Lehnitzsees stammen aus hiesiger Produktion. Die etwa 20 gleichartigen, einzeln stehenden, gelblich verklinkerten Häuser mit großen Fensterflächen und leicht asymmetrischer Dachform wurden von den KZ-Gefangenen für Bomberpiloten erbaut. Auftraggeber war die »Versuchsstelle für Höhenflüge« für Testpiloten und Offiziere der Wehrmacht in den Jahren 1938 bis 1943. Nach 1945 diente die Siedlung, die mittlerweile nach Ernst Thälmann benannt war, zunächst als Wohnanlage für NS-Opfer. In den 1950er Jahren wurden hier prominente Künstler und Wissenschaftler der DDR angesiedelt. Besonders herausragend war der Arzt und Schriftsteller Friedrich Wolf, dessen Haus noch heute als Museum zu besichtigen ist und nach dem das Lehnitzer Kulturhaus benannt wurde. Nebenan wohnte zwischen 1951 und 1960 die Schriftstellerin Inge Müller zusammen mit ihrem Mann, dem Dramatiker Heiner Müller, die, angeregt durch den nahen Lehnitzsee, naturlyrische Gedichte verfasste: »Wenn ich schon sterben muss / Will ich noch einmal / Mit euch durch den Wald gehen / Und vorbei am See in Lehnitz oder / Irgendwo (...)«.

Ihr Haus am Lehnitzsee wurde zu einer Art Künstlertreffpunkt, dessen Mittelpunkt sie bildete. Obwohl es ihr gelang, Künstler und Schriftsteller, darunter den häufig hier weilenden Peter Hacks, anzuziehen und obwohl sie schriftstel-

lerisch produktiv war, setzte sie ihrem Leben 1966 ein Ende, was auch ihr dominanter zynischer Ehemann mitverschuldet hatte, der noch ihren Selbstmord als Material für seine Texte voller frivoler Kälte nutzte. Zuvor aber war es der Lehnitzsee in seiner Doppelgesichtigkeit zwischen heiter und düster, hell und dunkel, leicht und unheilvoll, der immer wieder eine lyrische Inspirationsquelle für Inge Müller wurde: »Da steht das Haus; die schmalen Kiefernschatten / Sind schwarze Gitter wenn die Sonne untergeht, / Wenn Wind aufkommt vom See herüber / Dann schwankt das Gitter, das vor meinem Fenster steht. // Oft kommt der Wind. Noch immer schwanken draußen / Die Schatten wenn die Sonne untergeht. / Ich seh sie nicht mehr seit in meinem Zimmer / Der Wind ist, der vom See herüberweht.«

27 Hohennauener-Ferchesarer See

Der See mit dem sperrigen Namen besitzt den Zauber ungetrübter Sommervergnügungen. Er schlängelt sich im Westhavelland zwischen Ferchesar im Osten und Hohennauen im Westen knapp neun Kilometer lang dahin und ist durch den Großen Havelländischen Hauptkanal mit der nahen Havel verbunden, die etwas weiter nordwestlich, bei Havelberg, in die Elbe mündet. Umgeben ist der reizvolle See von Wäldern, von Feldflur und am nördlichen Ufer von Ausläufern des Rhinluchs, der idealen Nist- und Brutstätte für Sumpf- und Wasservögel. Die Ufer des schmalen Sees, der auf einem etwa 25 Kilometer langen Wander- und Radweg ganz umrundet werden kann, sind größtenteils flach, nur am südöstlichen Ufer erhebt sich bei Ferchesar das Steilufer der Dranseschlucht mit Naturstrand, das einen weiten Blick über den See freigibt. Der aus dem Slawischen stammende Name des Dorfes Ferchesar, der sich aus »verch« für »oberer Teil« und »jezer« für See zusammensetzt, bedeutet »Dorf an der oberen Seite des Sees«. Im 19. Jahrhundert schwunghaft mit der Produktion von Ziegeln beschäftigt, begann im Dorf um 1900 der Fremdenverkehr sacht aufzublühen. Eine weitläufige, gepflegte Badestelle wurde an der Ostspitze des Sees eingerichtet. Die anmutige Lage am See, die etwas von einem verschwiegenen Winkel an sich hat, die träge Geruhsamkeit des Ortes mit Lindenallee und barockisierter Dorfkirche aus rotem Backstein trugen Ferchesar bereits zu Beginn des 20. Jahrhunderts den Beinamen »Perle des Havellands« ein. Zu Ferchesar gehörte auch ab den 1960er Jahren das am nördlichen Ufer gelegene Kinderferienlager Tegeland, das

HOHENNAUENER-FERCHESARER SEE

GRÖSSE: 524 Hektar
ZUGANG: Über die Ortskerne von Semlin (Rathenow), Stechow-Ferchesar, Hohennauen (Gemeinde Seeblick) und Wassersuppe (Gemeinde Seeblick)
BADEN: Mehrere Badestellen am Ufer
BOOTSVERLEIH: Kanuverleih in Wassersuppe (Seeblick), Bootsverleih in Semlin, Floßverleih in Stechow-Ferchesar beim Campingplatz Buntspecht
ÖPNV: Semlin (Rathenow): ab Rathenow mit Bussen bis Semlin (Haltestelle »Semlin Dorfplatz, Rathenow«); Stechow-Ferchesar: ab Nennhausen oder Nauen mit dem Bus (Haltestelle »Stechow Dorf, Stechow-Ferchesar«); Hohennauen (Seeblick): ab Rathenow mit dem Bus (Haltestelle »Hohennauen Dorf, Seeblick«); Wassersuppe (Seeblick): ab Rathenow mit dem Bus (Haltestelle »Wassersuppe Dorfstr., Seeblick«)
IN DER NÄHE: Dranseschlucht zwischen Ferchesar und Semlin, Optikpark Rathenow
TIPP: Rad- und Rundwanderweg um den See (23,2 km)

Badestelle in Hohennauen am Hohennauener See

seit vielen Jahren in einen morbiden Dornröschenschlaf gesunken ist und sich seither in einen Lost Place par excellence verwandelt hat. Heute kann man auf dem sich selbst überlassenen Terrain nicht nur etwa 30 ramponierte Holzhäuser mit Doppelstockbetten, verfallende Waschhäuser, Garagen und eine marode Großküche mit gigantischem Speisesaal entdecken, sondern auch den 1960 zu einem Ferienwohnschiff umgebauten Oder-Raddampfer, gebaut 1891 in Stettin, der vor über 50 Jahren aufs Ufer gesetzt wurde und nun einer ungewissen Zukunft entgegenrostet. Besonders gut zu sehen ist er von der Seepromenade des gegenüberliegenden Dorfes Semlin.

Semlin mit seiner schwarz-weißen Fachwerkkirche und der großzügigen, gepflegten Badestelle unter alten Weiden wurde in den 1920er und 1930er Jahren zu einem Anziehungspunkt für erholungssuchende Schauspieler und Schriftsteller, darunter Erich Kästner und Axel Rudolph, Autor von etwa 70 exotischen Trivialromanen und Film-Drehbüchern für die UFA. In seinem Buch *Groschenroman* (2009) rekonstruiert der Autor Martin Keune das Leben des populären Rudolph, der sich ab 1936 fest hier niederließ: »Semlin hatte ein ganz intaktes Dorfleben mit Fischerkähnen, einer malerischen Bockwindmühle unten am Hafen und dem See, der sich weit ins Land hinein erstreckte. Drüben am anderen Ufer sah man die Rhinower Höhen und die malerische Kulisse mit dem lustigen Namen Wassersuppe.« Rudolph, der sich in Semlin auf ein schillerndes Aben-

Dorfkirche Ferchesar, Dorfkirche Semlin

teuer mit der Tochter des NS-Ortsgruppenleiters einließ, spielt in *Groschenroman* kurz mit dem Gedanken, sich aus seinen Verstrickungen durch gnädigen Selbstmord im See zu befreien: »Stieß sich ab, drehte sich auf den Rücken und ließ sich über den See treiben. Über ihm wölbte sich der Sternenhimmel (...) Am anderen Ufer stand schwarz der Wald; sein Duft zog über den See, wie er es seit Jahrtausenden tat. Axel atmete die Nachtluft mit tiefen Atemzügen ein. Von der Elbe her frischte der Wind auf, ein warmer Sommerregen verdunkelte den Sternenhimmel von Westen (...) Der See war kühl. Wenn er die Füße etwas sinken ließ, fühlte er tiefere, noch kältere Wasserschichten, die ihm Schauer über den Rücken schickten. Er schloss die Augen. Wie leicht es jetzt wäre, einzuschlafen, hinunterzusinken in die Kühle, mit dem Atmen aufzuhören, für immer im See zu bleiben. Ihn fröstelte.« Doch es sollte nicht der See sein, der für Rudolph zum kühlen Grab wurde. Denunziert von seiner enttäuschten Geliebten und ihrem Anhang, den »Hakenkreuzottern«, wurde er 1944 im Zuchthaus Brandenburg durch das Fallbeil hingerichtet.

Eine Hinrichtung anderer Art zeigt seit 2002 auf dem Dorfplatz das Denkmal der Semliner »Butter-Hexe«, der aufgrund verunreinigter Butter der Prozess gemacht wurde. Nach peinlichem Verhör soll die Semlinerin Anna Rahn 1672 als letzte Hexe des Havellands in Rathenow verbrannt worden sein. Heute ist Semlin mit Badestelle, Bootshafen, Restaurants, Golfplatz und Wanderwegen nicht

In Hohennauen

nur im hellen Tageslicht sehr beliebt, sondern auch, wenn es dunkel geworden ist. Denn seit 2014 gehört das Dorf zum ersten Sternenpark Deutschlands und damit nachts zu den lichtärmsten Orten in ganz Europa.

Diese Hell-Dunkel-Doppelung zeichnet übrigens auch die nahe Stadt Rathenow aus, trägt sie doch den Beinamen »Stadt der Optik«. Seit etwa 1800 werden hier Brillengläser, Mikroskope und Fernrohre für ein besseres Sehen bei Tag und bei Nacht hergestellt. Bereits 1801 diente eine erste Schleifmaschine der industriellen Produktion von Brillengläsern, ja, Rathenow war, trotz 70 Prozent Kriegszerstörung im Zweiten Weltkrieg, mit seiner Optik-Industrie derart bedeutend, dass der Ort zur einzigen Produktionsstätte für Brillengläser in der DDR aufstieg. Diese Tradition ist auch heute noch lebendig: Nicht nur, dass der Optikkonzern Fielmann 2002 hier ein Produktionszentrum eröffnete, nicht nur, dass in Rathenow weitere Firmen Mikroskop-Optik entwickeln, auch das weltweit größte Brachymedial-Fernrohr wurde um 1950 in Rathenow vom Ingenieur und Hobbyastronomen Edwin Rolf erbaut. Heute steht es im hiesigen Optikpark, in dem neben Farbpyramiden, Planetenstraßen, Regenbogenstrahlen und einem Leuchtturm mit Rathenower Linsentechnik auch optische Täuschungen und Zerrspiegelungen zu bestaunen sind.

Aber zurück zum Hohennauener-Ferchesarer See, an dessen westlicher Spitze das Dorf Hohennauen mit der romanischen Dorfkirche liegt, die mit ih-

Boote in Semlin, »Schleusenspucker« in Rathenow, Boote und Ufer am Ferchesarer See

rem ungewöhnlich wuchtigen Turm Erstaunen auslöst. Die großzügig angelegte Badestelle mit Sandstrand, Volleyballnetz und Restaurant macht einen ebenso einladenden Eindruck wie der Badestrand des wenige Kilometer weiter östlich gelegenen Dorfes Wassersuppe, einem verschwiegenen Fleckchen, in dem sich unmittelbar ein erholsames Gefühl der Abgeschiedenheit einstellt. Dass Friedrich der Große einen in den Adelsstand versetzten Offizier, der das Dorf im 18. Jahrhundert erwarb, wirklich hin und wieder mit dem Spottnamen »Seigneur de Wassersuppe« belegte, klingt amüsant, ist aber nicht gesichert. Nordöstlich von Wassersuppe breitet sich dann die einsame, auf nur wenigen Straßen zu durchquerende Luchlandschaft mit ihren Wiesen, Kanälen und Kanälchen aus, die hauptsächlich für die fehlende Lichtverschmutzung dieser Region verantwortlich ist. Sternenlicht und Stille – über beides lässt Fritz von Unruh in seinem Theaterstück *Duell an der Havel* (1954) einen friderizianischen Offizier schwärmen: »Das ist eben unser Havelland. (…) Komplett lautlos. Bis rauf zum Orion. Lautlos!«

Sowohl über dem Luch als auch über dem Hohennauener-Ferchesarer See erstreckt sich ein derart weiter Himmel, über den tags die Wolken ziehen und an dem nachts die Sterne mit der Milchstraße so deutlich zu sehen sind, dass sie sich, zusammen mit dem Mond, im dunklen Wasser des Sees spiegeln. Es sind Spiegelungen, die sich nur durch die leichte Bewegung des Wassers in glitzernde Wellen auflösen – Zerrspiegelungen der angenehmsten Art.

28 Kyritzer Seenkette: Ober- und Untersee

Die Kyritzer Seenkette, eine etwa 22 Kilometer lange eiszeitliche Schmelzwasserrinne, ist ein beschauliches Gewässer, das sich aus Ober- und Untersee zusammensetzt. Durchflossen von der Dosse, einem Nebenfluss der Havel, sind hier nur Ruder- und Paddelboote sowie Boote mit Elektromotoren gestattet. Ist der südlich gelegene Untersee, auch Bantikower See genannt, mit zwei Strandbädern, Fähre, traditionsreichem Inselrestaurant und Bootsverleih für eine sanfte Freizeitnutzung gut erschlossen, so hat der Obersee vornehmlich eine andere Funktion: Zwar darf hier auch Kanu gefahren und gebadet werden, wobei sich in den letzten heißen Sommern das Blaualgenproblem derart verstärkt hat, dass eine Bürgerinitiative dagegen vorzugehen versucht. Vor allem aber dient der Obersee seit 1979 als »Dossespeicher Kyritz« der Bewässerung einer ausgedehnten Feldflur von etwa 11.000 Hektar und ist mit seinem Volumen von über 18 Millionen Kubikmetern Wasser wohl die größte Talsperre Norddeutschlands. Die fünf Meter hohe und 900 Meter lange Staumauer am südlichen Zipfel des Sees ist mit Zäunen eingehegt und daher nicht zugänglich.

Die Wasserqualität des Untersees aber ist trotz der heißen Sommer weiterhin gut, weswegen sich die beiden historischen Strandbäder aus den 1920er Jahren, die mit Wasserrutschen, Sprungtürmen, Steganlagen und sanitären Einrichtungen behutsam den heutigen Erfordernissen angepasst wurden, großer Beliebtheit erfreuen. Abgesehen vom gemäßigten Trubel um die beiden Strandbäder

KYRITZER SEENKETTE

GRÖSSE: 382 Hektar

ZUGANG: Über Wusterhausen (Dosse), Kyritz, Bantikow (Wusterhausen/Dosse)

BADEN: Strandbad Kyritz (Imbiss, WC, Spielplatz), Strandbad Wusterhausen (Imbiss, WC, Spielplatz), weitere Naturbadestellen

BOOTE: Fähre zwischen Kyritz und Bantikow, die auch das Restaurant INSL auf der Unterseeinsel anfährt; ab Kyritz und Wusterhausen fahren Ausflugsschiffe über die Seenkette; Bootsverleih am Strandbad Kyritz

ÖPNV: Wusterhausen (Dosse): ab Berlin mit dem RB, Umstieg in Neustadt (Dosse); Kyritz: ab Kyritz mit dem Bus (Haltestelle »Untersee«); Bantikow (Wusterhausen/Dosse): ab Kyritz mit dem Bus (Haltestelle »Bantikow Dorf, Wusterhausen (Dosse))

IN DER NÄHE: Wegemuseum Wusterhausen, historische Marktplätze in Kyritz und Wusterhausen

TIPP: Ober- und Untersee sind von einem ufernahen Rundweg umgeben, Wanderwege um den Obersee (21,8 km) und um den Untersee (18,3 km), am westlichen Ufer des Obersees verläuft der Radweg »Dosse-Städte-Tour«

Badesteg am Untersee in Wusterhausen

herum ist der Untersee, der sich, wie auch der Obersee, auf einem ufernahen Wanderweg umrunden lässt, ein ruhiges Gewässer. Von Motorbootgeknatter wird man auf einer Wanderung um die schmalen, geschlängelten Seen jedenfalls nicht gestört.

Apropos Geknatter. Das nahe Städtchen, das dem Strandbad an der westlichen Seite des Untersees den Namen gibt, ist Kyritz mit seinem Beinamen »an der Knatter«, der auf die einst zuhauf hier lärmenden Wassermühlen zurückgeht. Auf dem Kyritzer Marktplatz, der von historischen Bürgerhäusern, dem neugotischen Rathaus und der im Tudorstil wiederaufgebauten gotischen Pfarrkirche umstanden ist, liest man am zentralen Bassewitz-Brunnen über den ungewöhnlichen Beinamen: »›Kyritz an der Knatter‹ / – welch eine Posse – / Liegt an der Jäglitz / und nahe der Dosse. / Doch die Reisenden / tat immer verdattern / Das unaufhörliche Mühlen-Knattern«. Der Brunnen übrigens bezieht sich auf eine städtische Sage mit wahrem Kern: Das Städtchen Kyritz, das im Mittelalter Mitglied der Hanse war und durch Siedler vom Rhein und aus Holland sowie durch Tuchmacherei zu Wohlstand gelangt war, wurde im 15. Jahrhundert durch Raubritterüberfälle erschüttert, allen voran durch Raubritter Bassewitz, dem aber, so die Sage und so der Brunnen, tapfere Kyritzer Frauen heißen Brei über den Kopf gegossen und ihn somit zum Rückzug gezwungen haben sollen. Als ironische Bezugnahme auf die Raubritterzeit wurde ab 1488 in Kyritz ein

Obersee »Dossespeicher Kyritz«, Markt und historisches Strandbad in Kyritz

beliebtes Bier mit dem Namen »Mord und Totschlag« gebraut, das auch heute noch erhältlich ist, hergestellt allerdings in der Brauerei des Klosters Neuzelle.

Auch das Städtchen Wusterhausen/Dosse, das mit seinem Strandbad und seiner historischen Fachwerk-Altstadt am südlichen Zipfel des Untersees liegt, war bis ins ausgehende Mittelalter eine wohlhabende Handelsstadt. Vor allem prosperierte sie durch den Salzhandel mit Lüneburg, von wo aus das »weiße Gold« über die Elbe, die Havel und die Dosse verschifft wurde. Auch der nahe Pilgerweg von Berlin zur Wunderbluthostie in Wilsnack brachte sowohl Wusterhausen als auch Kyritz bis zur Reformation gute Einnahmen durch rastende Pilgerströme. Handelswege, Schiffsverkehr und Pilgerscharen müssen hier zeitweilig eine gelassene Weltläufigkeit zur Folge gehabt haben. Kein Wunder also, dass der Geograf Carl Diercke, Urheber von Schulkarten und Atlanten, 1842 in Kyritz geboren wurde. Dass aber das Mittelalter mit seinem »Mord und Totschlag« in Kyritz und Wusterhausen, übrigens wie überall in Deutschland, nie ganz verschwunden war, zeigt sich zu Beginn der NS-Zeit: Galt Kyritz bereits 1930 als *die* Hochburg der NSDAP in Brandenburg und tat sich ab 1933 durch die Schikanierung von Juden hervor, so ist Wusterhausen mit einem besonders schockierenden Fall antisemitischer Massenhysterie verbunden. Aufgehetzt durch die Sonntagspredigt eines protestantischen Pastors wurden 1933 nicht nur missliebige Bücher verbrannt, sondern eine sogenannte Halbjüdin auf dem

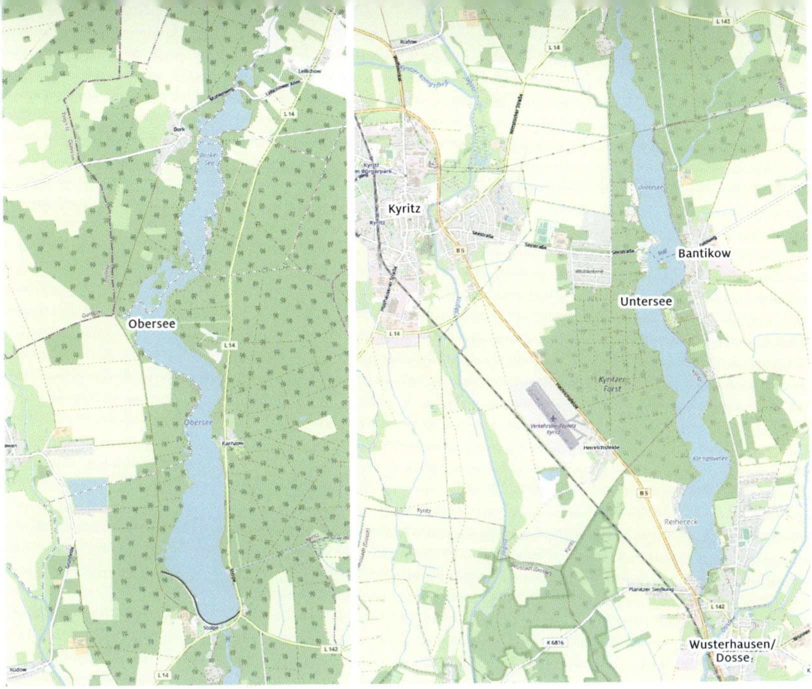

Marktplatz von entfesselten »Volksgenossen« geteert und gefedert. Mehr finsteres Mittelalter ist kaum möglich.

Aber die Städtchen bemühten und bemühen sich um Rehabilitation. So drehte bereits 1949 der Regisseur Arthur Pohl den DEFA-Film *Die Brücke*, der vor allem in Wusterhausen spielt. Es ist ein Film über die anfängliche, sogar tödliche Feindseligkeit der angestammten Nachkriegsbevölkerung den Vertriebenen gegenüber, die unter dramatischen Umständen schließlich doch in der Fremde mit ihren hübschen, aber verschlossenen Fachwerkhäusern eine neue Heimat finden. Weiterhin wählte der Comiczeichner Manfred Schmidt in den 1950er Jahren Kyritz als fiktiven Heimatort seiner Detektivfigur Nick Knatterton, dessen vollständiger Name Nikolaus Kuno Freiherr von der Knatter lautet. Diese deutsche Sherlock-Holmes-Adaptation, die auch von amerikanischen Kriminalromanen beeinflusst ist und gleichzeitig den Helden der Superman-Comics persifliert, konnte vom Westen aus für Kyritz ein bisschen Weltläufigkeit zurückerobern. Und 2011 eröffnete am Markt von Wusterhausen das Wegemuseum, in dem hiesige Straßen von der Bronzezeit bis heute rekonstruiert werden, nämlich uralte Wasserwege, Salzwege, Pilgerwege, Handelswege, Postwege und die innerdeutsche Transitstrecke zwischen West-Berlin und Hamburg, die direkt an Wusterhausen vorbeiführte. Diese Wege beschwören eine Offenheit, einen Austausch mit der Welt, so grenzenlos wie der Sommerhimmel über den Kyritzer Seen.

29 Ruppiner See

Der vom Rhin durchflossene Ruppiner See, der mit 14 Kilometern Ausdehnung der längste See Brandenburgs ist und, so Fontane, »fast die Form eines halben Mondes hat«, präsentiert sich mit seinen urbanen Uferanrainern Neuruppin, Altruppin, Gildenhall, Wuthenow, Gnewikow, Karwe, Altfriesack und Wustrau als zusammenhängende preußische Kulturlandschaft. Im Mittelalter erzählte man sich hier sogar von Wundern. So soll sich, laut Legende, im Ruppiner See nicht nur ein gigantischer Wels freiwillig zum Verzehr angeboten haben, um den Hunger der zu einem Gastmahl Geladenen zu stillen. Auch der Mystiker und Gründer des Neuruppiner Dominikanerklosters, Wichmann von Arnstein, soll in direkter Jesusnachfolge von Wuthenow trockenen Fußes über das Wasser des Sees nach Neuruppin gewandelt sein.

Wer mit dem Boot an den Ufern des Sees entlangfährt, sieht neben Yachthäfen, Anlegestegen, Sommerhäuschen und Badestellen auch gotische und Schinkelsche Kirchtürme, Gutshäuser, Parks, Klapp- und Eisenbahnbrücken vorbeiziehen wie auf einem Neuruppiner Bilderbogen zum Thema »Preußens Kultur«. Denn nicht nur das Zietenschloss in Wustrau, das in seinem Museum heute 500 Jahre Hohenzollerngeschichte in Brandenburg-Preußen ausstellt, die Überreste des Knesebeckschlosses in Karwe und das spätklassizistische Gutshaus mit Park in Gnewikow tragen zum Charakter eines kulturellen Gesamtensembles bei. Auch und vor allem die Stadt Neuruppin selbst mit Kronprinz Friedrichs Tempelgarten Amalthea, dem Buchdrucker Gustav Kühn mit seinen

RUPPINER SEE

GRÖSSE: 825 Hektar
ZUGANG: Über die umliegenden Gemeinden
BADEN: Mehrere Badestellen (teils mit Imbiss, WC)
BOOTE: Bootsverleih in Neuruppin
ÖPNV: Neuruppin: mit dem RE bis »Neuruppin Rheinsberger Tor«, Altfriesack: mit dem RE bis Wustrau-Radensleben, weiter mit dem Bus (Haltestelle »Altfriesack«), Wustrau: mit dem RE bis »Neuruppin Rheinsberger Tor«, weiter mit dem Bus (Haltestelle »Wustrau Ausbau, Fehrbellin«)
IN DER NÄHE: Brandenburg-Preußen Museum in Wustrau, Schinkelkirche in Wuthenow, Tempelgarten Amalthea in der historischen Innenstadt von Neuruppin, gotische Klosterkirche am Seeufer
TIPP: Wander- und Radrundweg um den Ruppiner See (29,8 km), Rundwanderweg um die nördlich von Neuruppin gelegene Seenkette (Molchowsee, Tetzensee, Zermützelsee, Tornowsee und Kalksee: 28,2 km), Rundweg um den Molchowsee (13 km), Fontanerundweg um den Tornowsee (8 km), Rundweg um den Kalksee (7 km)

Blick auf Neuruppin mit Edelstahlskulptur »Parzival am See« (1998)

berühmten Bilderbögen und vor allem den Größen Karl Friedrich Schinkel und Theodor Fontane, die beide hier geboren wurden, gilt als die preußischste aller preußischen Städte. Schinkel, der 1781 das Licht der Welt erblickte, erlebte mit sechs Jahren den verheerenden Stadtbrand mit und wurde vermutlich durch den nachfolgenden Wiederaufbau Neuruppins zu seiner Baumeistertätigkeit angeregt. Die Kirche von Wuthenow auf der gegenüberliegenden Seeseite wurde nach seinen Entwürfen errichtet.

Obwohl beiden berühmten Söhnen der Stadt Denkmäler gesetzt wurden, ist Fontane in Neuruppin stärker präsent. An seinem Geburtshaus mit der Löwen-Apotheke weist eine Tafel auf ihn hin, alle zwei Jahre wird der Fontane-Literaturpreis verliehen und im selben Rhythmus finden hier die Fontane-Festspiele statt. Seit 1998 trägt Neuruppin sogar den Beinamen »Fontanestadt«. Er hat es seiner Geburtsstadt aber auch reich vergolten. Nicht nur, dass er auf seinen *Wanderungen* Neuruppin und die kleinen Dörfer am Ruppiner See bevorzugt mit dem Boot besuchte und beschrieb, so wie das Knesebecksche Anwesen in Karwe: »Es liegt am Ostufer des Ruppiner Sees und ein Wustrauer Fischer fährt uns in einer halben Stunde hinüber. Ein besonderer Schmuck des Sees an dieser Stelle ist sein dichter Schilfgürtel, der namentlich in Front des Carwer Parkes wie ein Wasserwald sich hinzieht. (...) Und nun springen wir ans Ufer und befinden uns in dem Park von Carwe. Er ist ziemlich groß angelegt, mit vielem Geschmack

Klosterkirche und Schinkeldenkmal in Neuruppin

in einem einfach edlen Stile.« Vor allem aber hat Fontane dem Ruppiner See in seinem Roman *Schach von Wuthenow* ein Denkmal gesetzt. Die Passage, in der der unglückselige Schach in sein Elternschloss in Wuthenow am See zurückkehrt, im Morgengrauen mit einem Boot auf den See hinausfährt und sich dort von der Strömung treiben lässt – ein allegorisches Bild für sein getriebenes, wankelmütiges Leben –, gehört zu den schönsten, poetischsten Stellen des Fontaneschen Romanschaffens: »Eine tiefe Stille herrschte; der Tag war noch nicht wach, und Schach hörte nichts als ein leises Wehen und Rauschen und den Ton des Wassers, das sich glucksend an dem Schilfgürtel brach. Endlich aber war er in dem großen und eigentlichen See, durch den der Rhin fließt, und die Stelle, wo der Strom ging, ließ sich an einem Gekräusel der sonst spiegelglatten Fläche deutlich erkennen. In diese Strömung bog er jetzt ein, gab dem Boote die rechte Richtung, legte sich und die Ruder ins Binsenstroh und fühlte sofort, wie das Treiben und ein leises Schaukeln begann. Immer blasser wurden die Sterne, und der Himmel rötete sich im Osten und er schlief ein.«

Während die Landschaft südlich des Ruppiner Sees, das Rhin-Luch, flach und in heißen Sommern vom eigens dafür aufgestauten Seewasser bewässert werden muss, damit seine Niedermoore nicht austrocknen, ist die schmale Seenkette Richtung Norden in eine freundliche Hügellandschaft eingebettet, von der Fontane schwärmt: »An jeder Stelle gleichen Reiz / Erschließt dir die

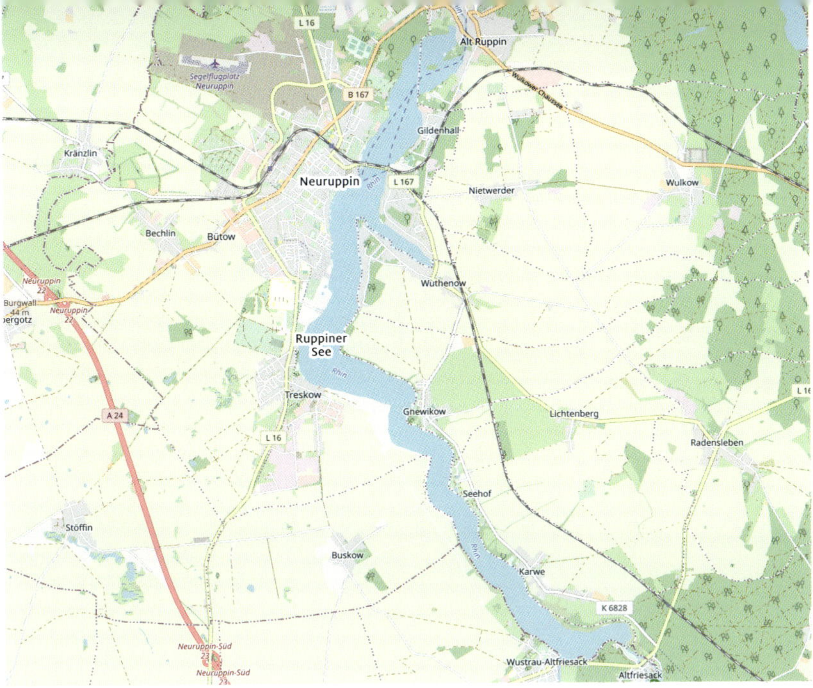

Ruppiner Schweiz.« Bevor wir den Ruppiner See in Richtung dieser anmutig modellierten Seenlandschaft verlassen, sei noch kurz auf die Künstlerkolonie Gildenhall am Seeufer nördlich von Wuthenow verwiesen, wo vom Deutschen Werkbund und vom Bauhaus inspirierte Kunstschmiede und Kunstschmiedinnen, Weber und Weberinnen, Maler und Malerinnen sowie Bildhauer und Bildhauerinnen zwischen 1921 und 1929 versuchten, schöne und gleichzeitig erschwingliche Alltagsprodukte herzustellen.

Die eiszeitliche Rinne des Ruppiner Sees setzt sich nach Norden mit dem Molchowsee, dem Tetzensee, dem Zermützelsee mit seinem Waldmuseum Stendenitz in einem russisch anmutenden Blockhaus und dem Tornowsee weiter fort. Letzterer lässt sich auf einem sieben Kilometer langen Fontanewanderweg umrunden. Und sogar der sich daran anschließende Kalksee von Binenwalde soll noch hohenzollerngeschichtlicher Boden sein. Jedenfalls griff Fontane die zarte Liebeslegende zwischen dem inkognito Flöte spielenden Kronprinz Friedrich und der anziehenden Försterstochter Sabine bereitwillig auf: »Die schöne Sabine aber stand lächelnd aufrecht im Kahn, das Ruder mit raschem Schlage führend, bis im nächsten Moment das Ruder ans Land und sie selbst dem Harrenden in die Arme flog.« Heute ist das historische Sabine-Denkmal in Binenwalde wieder zu sehen. Zu gerne würde man hier dieser amourösen Geschichte Glauben schenken, die sich wohl eher im Bereich der romantischen Fabel bewegt.

30 Huwenowsee bei Meseberg

In nordwestlicher Richtung liegt in einer Senke der Huwenowsee. Dass man ihn leicht übersehen kann, hatte schon Fontane auf seinen *Wanderungen* durch die »Grafschaft Ruppin« feststellen müssen: »Der Reisende, der hier über das benachbarte Plateau hinfährt, dessen öde Fläche nur dann und wann ein Kirchturm oder ein Birkengehölz unterbricht, ahnt nichts von der verschwiegenen Talschlucht an seiner Seite, von der steilabfallenden Tiefe mit Wald und Schloß und See. Dieser letztere, der Huvenow-See geheißen, ist eines jener vielen Wasserbecken, die (…) diesem Landstriche seine Schönheit und seinen Charakter geben.«

Der Huwenowsee am Rande des Dörfchens Meseberg ist ein schmaler, geschlängelter, eiszeitlicher Rinnensee von knapp zweieinhalb Kilometern Länge, dessen tiefste Stelle immerhin 16 Meter beträgt. Über das Niederfließ an seiner westlichen Spitze ist er mit dem Wutzsee und dadurch mit dem Rhin verbunden.

Ein naturbelassener Uferweg von knapp sechs Kilometern Länge vollzieht nicht nur jede Biegung und Ausbuchtung des Sees mit. Zuweilen liegen auch Totholz oder durch Windbruch teils abgeknickte, teils entwurzelte Baumstämme quer über dem Weg, die dann umrundet oder überklettert werden müssen. Denn der Buchenwald rund um den Huwenowsee mit seinen steil ansteigenden Ufern ist, wie man vor einigen Jahren noch auf den hier aufgestellten Schildern lesen konnte, ein auf eigene Gefahr zur betretender »Naturwald«. Das ordnende Eingreifen des Försters und die ökonomische Holzverwertung sind also hier auf ein Minimum reduziert, sodass der Wald sich größtenteils selbst überlassen bleibt.

Obwohl es zwei gepflegte Naturbadestellen mit Sandstrand und Liegewiese gibt, die die erhitzten Wanderer oder die müßigen Sonnenanbeter ins klare, weiche Wasser einladen, obwohl man neben diesen ausgewiesenen Plätzen auch vielerorts »wild« baden kann, ist der Huwenowsee auch im Sommer ein eher stilles Gewässer ohne Motorboote, wenn auch nicht ganz so geräuschlos wie zu

HUWENOWSEE

GRÖSSE: 37 Hektar
ZUGANG: Über den Parkplatz am Schloss Meseberg
BADEN: Mehrere Badestellen am Ufer
ÖPNV: Ab Oranienburg mit dem RE nach Gransee, weiter mit dem Bus nach Meseberg
TIPP: Uferrundweg durch den »Naturwald« (5,9 km)

Badesteg am Huwenowsee

Fontanes Zeiten: »Unbedingte Stille herrscht, die Bäume stehen windgeschützt und rauschen leiser als anderswo, das Geläute der oben weidenden Herde dringt nirgends bis in die Tiefe hinab, und nichts vernehmen wir als (...) den Ruck, womit der Angler die Schnur aus dem Wasser zieht.«

An der östlichen Spitze des Sees verlässt der Rundweg die Uferlinie und führt nach oben in Richtung Dorf. Denn am See liegt nun, hinter einem hohen Metallzaun, Schloss Meseberg mit seinem terrassierten Park, das heutige Gästehaus der Bundesregierung, dessen Besichtigung nur am Tag der offenen Tür möglich ist.

Das um 1740 erbaute Barockschloss kann auf eine wechselvolle Geschichte zurückschauen. Als der Bruder Friedrichs des Großen, Prinz Heinrich, der auf Schloss Rheinsberg residierte, Meseberg im Jahr 1774 erwarb, benötigte er das Schloss als Abfindung für seinen allzu übermütig gewordenen Günstling und Geliebten Major von Kaphengst. Der »sexuell uncorrecte« Prinz Heinrich hatte sich auf den zwar körperlich attraktiven, aber ungebildeten und eitlen, ja habgierigen und wüsten Kaphengst derart zu seinem eigenen finanziellen und seelischen Schaden eingelassen, dass sich sogar Friedrich der Große einmischen musste, um das Verhältnis zu unterbinden. Als Kaphengst nun mit dem prächtigen Schloss Meseberg abgefunden wurde, entfaltete er hier laut Fontane eine luxuriös-lasterhafte Schreckensherrschaft. Nicht nur, dass er viele »Luxuspferde«

Boote und Wanderweg am Huwenowsee, Schloss Meseberg

hielt und dass »auf den Atlaskissen der Sofas (…) sich die Windspiele« streckten, auch »Debauchen (Ausschweifungen) aller Art lösten sich untereinander ab und die wahnsinnigste Verschwendungssucht griff Platz«. Die durch Kaphengst entfesselte Zügellosigkeit, Raserei und Gewalt blieben im Gedächtnis der Meseberger Bevölkerung derart lebendig, dass Fontane fast 100 Jahre später noch beobachten konnte: »Die Kinder im Dorfe aber, wenn an Novemberabenden der Wind das abgefallene Laub über die Gasse fegt, fahren zusammen und murmeln ängstlich ›Kaphengst kommt‹.«

Ende des 19. Jahrhunderts erwarb der Herausgeber der *Vossischen Zeitung*, Carl Robert Lessing, ein Großneffe Gotthold Ephraim Lessings, das Schloss für seinen Sohn. Das Familienwappen, die drei miteinander verschlungenen Ringe, die sich auf Lessings Ringparabel beziehen, sind heute noch im Schloss und im Park mehrfach zu sehen. Nach der Enteignung 1945 wurde das Schloss als Gemeindebüro, Kindergarten und Lebensmittelladen genutzt, bis es nach 1989 zu verfallen begann und in diesem Zustand dem Fontaneschen »Zauberschloß« vermutlich am nächsten kam. Gerettet von der Messerschmidt-Stiftung stieg es schließlich als Ersatz für den Petersberg bei Bonn zum neuen Gästehaus der Bundesregierung auf. Im Schloss selbst finden Klausurtagungen der Regierung statt und illustre Staatsoberhäupter werden hier zu vertraulichen Gesprächen geladen. Aufwendig renoviert mit Park und Weinberg in Südlage liegt es nun,

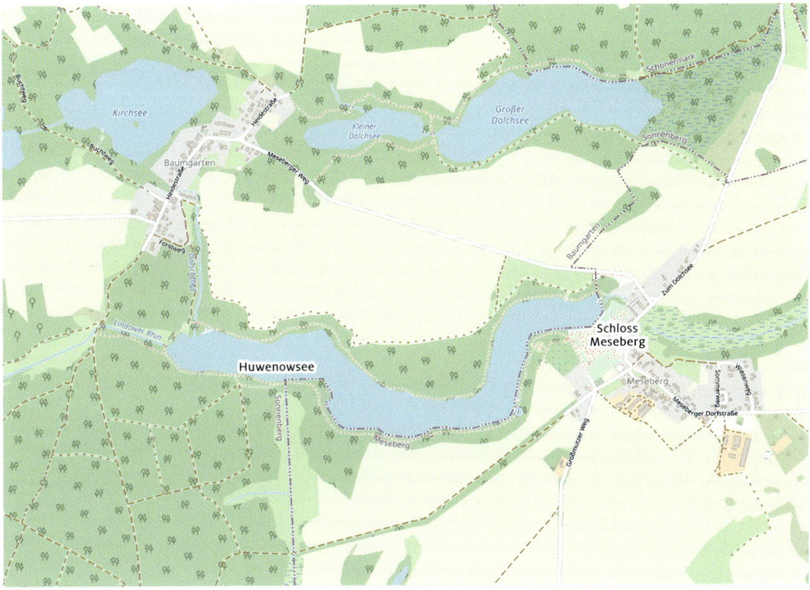

fast zu perfekt strahlend, am Ufer des Huwenowsees, dessen verwunschener Naturwald in krassem Gegensatz zum abgezirkelten Barockgarten mit seiner gezähmten Natur steht. Der Huwenowsee selbst aber liegt unverändert da, gleichgültig, ob ein frischer Wind den Wasserspiegel kräuselt, ob er in der sengenden Sommerhitze träge gewellt daliegt, ob Regentropfen ein unablässig bewegtes Muster ineinanderfließender Ringe bilden wie ein graues Kaleidoskop oder ob sich im Winter eine Eishaut über den See zu ziehen beginnt, in dessen weißer Puderschicht Enten, Blässhühner und andere Vögel Abdrücke ihrer Füßchen hinterlassen.

31 Wutzsee bei Lindow

Obwohl er der kleinste unter den drei Lindower Seen ist, haftet dem Wutzsee ein besonderer Zauber an. An seiner Westspitze öffnet sich ihm zu Ehren das Städtchen mit Park, Promenade, Klosterruine, Mühlrad und Skulptur einer schönen Nonne im See, ja, Lindow nimmt seinen Wutzsee geradezu freundlich in die Arme, während er ansonsten von stillen, einsamen Wäldern umgeben ist. »Wie seh ich, Klostersee, Dich gern!«, dichtete Fontane über den Wutzsee, »Die alten Eichen stehn von fern, / Und flüstern, nickend, mit den Wellen.«

Der Wutzsee, dieser eiszeitliche Rinnensee von bis zu 18 Metern Tiefe, ist bis heute einer der Stillen in der Mark. Motorboote sind hier untersagt, in der Saison kann man lediglich geräuschlose Ruder- und Tretboote ausleihen und hin und wieder gleitet ein Angelkahn über die spiegelnde Wasseroberfläche und hinterlässt eine Spur sanfter Wellen. Der gut sieben Kilometer lange Rundweg um den See führt durch den sumpfigen Schilfgürtel ebenso wie über das leicht gewellte Hochufer, das sich etwa 50 Meter über dem See erhebt und durch die Stämme der Akazien oder Kiefern wechselnde, wie an einer Perlenschnur aufgereihte Landschaftsbilder freigibt. An den drei Sandbuchten gleiten im Sommer die Badelustigen wie von selbst in das klare, weiche Wasser.

Bedeutend war Lindow aufgrund seines Zisterzienserinnenklosters von 1230, das im Zuge der Reformation ab 1542 in ein evangelisches Damenstift umgewandelt wurde. Die Skulptur der Schönen Nonne übrigens geht auf eine junge Klosterbewohnerin in der vorreformatorischen Zeit zurück, die von ihrem Geliebten, der unter Stand war, nicht lassen wollte und sich schließlich einvernehmlich von ihm entführen ließ. Ende des 17. Jahrhunderts erhielt das Kloster sogar den Beinamen Hochadliges Fräuleinstift, obwohl es zuvor im Dreißigjährigen Krieg in großen Teilen zerstört worden war. Seither ragen die aus Feldsteinen gemauerten, mächtigen Giebelwände hoch in den Himmel auf, eine Augenweide für Ruinenromantiker, auch wenn Fontane argwöhnt: die Giebelwand »stand da, wie bereit, alles unter ihrem beständig drohenden Niedersturz zu be-

WUTZSEE

GRÖSSE: 90 Hektar
ZUGANG: Über Lindow (Mark)
BADEN: 3 Naturbadestellen
BOOTE: Bootsverleih in Lindow (Mark)

ÖPNV: Ab Berlin mit dem RE/RB nach Lindow (Mark) über Löwenberg (Mark)
IN DER NÄHE: Garten des Buches im Kloster Lindow, Klosterruine Lindow
TIPP: Rundweg (7,8 km) um den See

»Die schöne Nonne« am Wutzsee

graben, und nur das eine konnte wieder beruhigen, daß sich auf höchster Spitze der Wand ein Storchenpaar eingenistet hatte. Störche, deren feines Vorgefühl immer weiß, ob etwas hält oder fällt.« Auf dem sich anschließenden Friedhof, von dem aus sich meditative Blicke auf den Wutzsee eröffnen, finden sich die Gräber der Stiftsdamen und Dominas, ein wahres Lesebuch der großen Namen des alten märkischen Adels. Mit den Zeilen »Des Sommerabends süße Ruh / Umschwebt die halbzerfallnen Grüfte« und einer poetischen Beschreibung in den *Wanderungen* ließ Fontane den stillen Ort in die Literatur eingehen: »Die schönsten Teile der Parkwiese sind die, wo begraben wird. Von dem richtigen Gefühl ausgehend, daß Leben und Tod Geschwister sind, die sich nicht ängstlich meiden sollen, hat man hier die Spiel- und Begräbnisplätze dicht nebeneinander gelegt und dieselben Blumen blühen über beide hin.«

Kloster Lindow spielt auch in Fontanes Roman *Der Stechlin* eine Rolle: Adelheid, Schwester des Hauptheldes Dubslav von Stechlin und Domina des Klosters, das hier mit leichter Ironie »Kloster Wutz« genannt wird, tritt als eine sittenstrenge, adelsstolze Person auf, deren Vorbild die reale Domina von Kloster Lindow war. Diese soll, als Fontane sich zu Recherchezwecken im Kloster anmeldete, dünkelhaft gesagt haben: »Von Tane? Diese Familie kenne ich nicht.«

Nach dem Zweiten Weltkrieg wurde im Klosterbezirk eine Altenpflegeeinrichtung untergebracht, die sich seit dem Jahr 2000 »Evangelisches Senioren-

Kloster und Mühle in Lindow am Wutzsee

zentrum Kloster Lindow« nennt. Zwischen den Gebäuden der ehemaligen Klosteranlage entstand 2019, angelehnt an des Labyrinth von Chartres, der »Garten des Buches«, in dem durch etwa 70 Pflanzen und Blumen, die im hebräischen Tanach, in der Bibel und im Koran Erwähnung finden, Judentum, Christentum und Islam näher verbunden werden sollen.

Fontanes freundliche Einschätzung, »Lindow ist so reizend wie sein Name. Zwischen drei Seen wächst es auf und alte Linden nehmen es unter ihren Schatten«, wird oft und gerne zitiert. Die drei Seen übrigens, der Wutzsee, der Gudelacksee und der Vielitzsee, ein Angelsee, in dem das Baden nicht empfohlen wird, sind durch Fließe und Kanäle miteinander und mit Rhin und Havel verbunden. In der Mitte des Gudelacksees mit seinem Yachthafen liegt Werder, die größte Binneninsel Brandenburgs, mit naturnahen Übernachtungsmöglichkeiten in Zelten und einigen ehemaligen, mit Wasser gefüllten Tonstichen.

Am schönsten aber ist es am Wutzsee an einem warmen Sommerabend. Da kann es passieren, dass zarte Trompetenklänge über den See wehen. Vielleicht stammen sie von einem evangelischen Pastor im Ruhestand, der, auf der Steinmauer des Klosters am gegenüberliegenden Ufer stehend, Melodien, in denen sich Geistliches und Weltliches vermischen, durch die zeitenthobene Dämmerung schweben lässt.

32 Rheinsberger See und Grienericksee

Ohne die beiden Rheinsberger Seen, die durch ein kurzes Stückchen Rhin-Kanal miteinander verbundenen sind, und ohne Schloss Rheinsberg würde es Fontanes *Wanderungen durch die Mark Brandenburg* und etliche seiner Romane vermutlich gar nicht geben. Als Fontane nämlich auf dem schottischen Levensee ruderte, schoben sich mit einem Mal »wie eine Fata Morgana« Erinnerungen an eine Wasserpartie in Rheinsberg vor dieses Bild, die so eindrücklich und geschichtsträchtig waren, dass sich Fontane schließlich fragen musste: »so schön dies Bild war, das der Leven-See mit seiner Insel und seinem Douglas-Schloß vor dir entrollte, war jener Tag minder schön, als du im Flachboot über den Rheinsberger See fuhrst, die Schöpfungen und die Erinnerungen einer großen Zeit um dich her? Und ich antwortete: nein.«

Nicht nur die starken Sinneseindrücke, das Geräusch des Schilfs, das klang, als »wenn eine Hand über knisternde Seide fährt«, die klare Kühle des Rheinsberger Seewassers, das leise Plätschern der »Wellchen zwischen den Fingern« hatten Fontane bleibend beeindruckt, sondern auch und vor allem, dass das Schloss mit seinen Türmen und »Wassertreppen«, Säulengängen, Balustraden, Marmorbildern und seinem Park »den breiten historischen Stempel« trug. So wurde in Schottland das plötzlich erinnerte Schloss Rheinsberg am Grienericksee zur Initialzündung für die *Wanderungen*, die Wolf Jobst Siedler vorbehaltlos bewundert, sei doch außer Fontane »niemand auf den Gedanken gekommen, etwa aus Köln oder München, zum Rheinsberger See zu reisen, nur weil da der junge Friedrich mit Gondelfahrten zu Flötenspiel seine watteauschen Träume in die Wirklichkeit geholt hatte«.

Nicht nur Fontane erinnerte an den kunstsinnigen und musikliebenden Kronprinzen Friedrich, der zwischen 1736 und 1740 auf Schloss Rheinsberg lebte

RHEINSBERGER UND GRIENERICKSEE

GRÖSSE: Rheinsberger See: 252 Hektar; Grienericksee: 87 Hektar
ZUGANG: Über Rheinsberg
BADEN: Grienericksee: Seebad Rheinsberg (Imbiss, WC), weitere Badestellen
BOOTE: Grienericksee: Bootsverleih in Rheinsberg
ÖPNV: Ab Berlin mit dem RE/RB nach Rheinsberg (Mark) über Löwenberg (Mark)
IN DER NÄHE: Schloss Rheinsberg, Grabpyramide, Heckentheater und weitere Parkgebäude im Schlosspark, Kurt-Tucholsky-Literaturmuseum
TIPP: Rundweg um den Grienericksee und den Rheinsberger See von Rheinsberg über Zechliner Hütte (20,6 km)

Rheinsberger See

und diese Jahre als die »glücklichsten seines Lebens« bezeichnete. Auch Adolph Menzel hielt die Rheinsberger Jugendzeit des späteren Friedrichs des Großen in vier Gemälden fest, darunter die Gouache *Wasserfahrt in Rheinsberg* (1860), die den lesenden Kronprinzen mit weit von sich gestreckten Beinen in einer barocken Prunkbarke mit Brokatsegel zeigt, die über leicht bewegtes, graues Wasser in Richtung Schloss gleitet.

Bereits in Friedrichs Rheinsberger Zeit, in der er das Schloss zu einem Musterbeispiel friderizianischen Rokokos ausbaute, zeigte sich sein Hang, Preußen als neues Imperium, als ein neues Rom aufzubauen. Angeregt von der prähistorischen Remusinsel im Rheinsberger See nördlich des Grienericksees identifizierte er sich selbst mit Remus, einem der Gründer Roms. In seinen Briefen aus dieser Zeit, die er in seinem runden, gläsernen, wie über dem See schwebenden Arbeitszimmer in einem der Schlosstürme verfasste, ersetzte er gerne Rheinsberg durch »Remusberg«. Die Remusinsel, heute ein naturbelassenes Eiland, ließ Kronprinz Friedrich mit einem chinesischen Haus und weiteren Staffagegebäuden als erweiterten Schlosspark ausbauen. Unterwasserarchäologen fanden hier jüngst die hölzernen Überreste mehrerer friderizianischer Gondelanlegestellen.

Nachdem Kronprinz Friedrich zum König gekrönt worden war, bewohnte sein Bruder, Prinz Heinrich, das Schloss bis zu seinem Lebensende und verwan-

Grienericksee

delte Rheinsberg in der zweiten Hälfte des 18. Jahrhunderts in ein Theater- und Musikzentrum von Rang und großer Strahlkraft. Auch die Gestaltung des sich um den Grienericksee herumziehenden Parks mit Obelisk, Grotten, Tempelchen, »künstliche(n) Ruinen, bemooste(n) Steinbänke(n)« und dem »wohlerhaltenen »Theater im Grünen«, das lebendige Hecken statt der Coulissen hat«, wie Fontane es beschreibt, gehen auf Prinz Heinrich zurück. An die hier begründete Musiktradition knüpfen heute die Rheinsberger Musiktage, das Opernfestival und die im Schloss untergebrachte Musikakademie Rheinsberg an.

In der Nähe des Seeufers befindet sich auch die Grabpyramide mit abgebrochener Spitze des Prinzen Heinrich, deren französische, hier übersetzte Inschrift schonungslose Selbstauskunft über sein kompliziertes Leben gibt: »Geworfen durch seine Geburt in diesen Strudel eitlen Rauchs / Den der Pöbel nennt / Ruhm und Größe, / Aber von dem der Weise die Nichtigkeit kennt; (…) / Geplagt durch die Leidenschaften der anderen, / Beunruhigt durch die seinen; / Oft der Verleumdung ausgesetzt (…)«.

Ungetrübtes Glück war dem Prinzen in seinem Rokokoparadies zwar wohl nicht beschieden, dafür aber hinterließ er ein poetisches Schloss-Park-See-Natur-Ensemble und regte Fontane in seinem Roman-Erstling *Vor dem Sturm* zu einigen wunderbaren, melancholisch-verschrobenen Figuren vom Rheinsberger Hof an, Figuren mit Beinen »wie ein Rokokotisch«.

Schloss und Park Rheinsberg

Hausboot auf dem Grienericksee, Hafendorf und Leuchtturm Rheinsberg

Auch als Kurt Tucholsky 1912 seine federleichte Erzählung *Rheinsberg. Ein Bilderbuch für Verliebte* veröffentlichte, haftete Rheinsberg mit seinen Seen ein stiller poetischer Zauber an: »Ein kühler Wind strich vom See herüber. Die Uferlinien waren unendlich fein geschwungen, die hellblaue Fläche glänzte matt. (...) Und wieder trug sie die Strömung dahin, der fächelnde Wind kräuselte das Wasser, brachte frischere Lüfte. (...) Die Hand hing im Wasser und zog einen quirlenden Streif. Dunkelgrün und klar lagen die Ufer weit zurück.«

Das Kurt-Tucholsky-Literaturmuseum im Schloss und die Rheinsberger Stadtschreiber setzen sich für die Bewahrung der literarischen Tradition an diesem Ort ein, in die sich auch Wolf Jobst Siedler voller Gespür für den *Genius loci* stellt: »Immer noch liegen die alten Kähne im Schilf, das man hier meist Binsen nennt. Das Wasser schwappt darin, denn immer ist da ein Leck, die Schute muß leergeschöpft werden wie in Kinderzeiten. Tiefer Ernst liegt über dem Wasser, Einsamkeit und Stille an den Ufern. Dies sind melancholische Seen, was wohl von den Kiefern kommt, die sie schwarz umstehen. Selten spiegelt sich Helles darin, Tegernsee und Chiemsee sind weit.«

Es mag sein, dass es heute hier nicht mehr so still und verschwiegen ist. Die vom Rhin durchflossenen Seen mit direkter Verbindung zur Nordsee, das 2004 erbaute Hafendorf am Rheinsberger See mit Holzhäusern für Urlauber, Hotel, Hafenanlagen und Bootsbetrieb bringen auch Leben, Bewegung und Trubel mit

sich. Und doch gibt es auch heute noch ruhige Spazierwege entlang der Seen und durch einsame Wälder und immer wieder herrliche, sich auf der Oberfläche der Seen spiegelnde Bilder wie zu Fontanes Zeiten: Wir »passieren den Schloßhof, steigen in ein bereitliegendes Boot und fahren mitten auf den See hinaus. Nun machen wir erst kehrt und haben ein Bild von nicht gewöhnlicher Schönheit vor uns. Erst der glatte Wasserspiegel, an seinem Ufer ein Kranz von Schilf und Nymphäen, dahinter ansteigend ein frischer Gartenrasen und endlich das Schloß selbst, die Fernsicht schließend. Nach links hin dehnt sich der See; wohin wir blicken, ein Reichtum von Wasser und Wald.«

33 Stechlinsee

Als Fontane den Stechlinsee auf seinen *Wanderungen* besuchte, wurde er sogleich von dessen besonderer Ausstrahlung eigentümlich berührt: »Da lag er vor uns, der buchtenreiche See, geheimnisvoll, einem Stummen gleich, den es zu sprechen drängt. Aber die ungelöste Zunge weigert ihm den Dienst und was er sagen will, bleibt ungesagt.«

Von einem Ortskundigen lässt sich Fontane nicht nur die ungewöhnliche Beschaffenheit des Sees erklären – er sei so tief, dass »an mehr als einer Stelle (...) das Senkblei keinen Grund« findet –, sondern auch die mit ihm verknüpfte Volkssage vom roten Hahn erzählen. Dieser soll am Grund des Sees sitzen und, wenn ein waghalsiger Fischer unterwegs ist und ihn mit seinem trotzigen Übermut herausfordert, rot und zornig »den See mit seinen Flügeln (schlagen), bis er schäumt und wogt, und greift das Boot an und kreischt und kräht«. Mancher Fischer soll daraufhin mit seinem Boot für immer in der Tiefe versunken sein. Auch von den unterirdischen Verbindungen des geheimnisumwitterten Sees weiß der ortskundige Führer zu berichten: »Als das Lissaboner Erdbeben war, waren hier Strudel und Trichter und stäubende Wasserhosen tanzten zwischen den Ufern hin.«

Tatsächlich ist der Stechlinsee mit seinen 70 Metern bis zum Grund der tiefste See Brandenburgs. Sein ursprünglich ausgezeichnetes, heute stärker phosphathaltiges Wasser, das klar ist wie bewegtes Glas und zum Baden und Tauchen einlädt, erlaubt eine Sicht von bis zu 13 Metern Tiefe. Der buchtenreiche See, dessen Form mit einem dreizipfeligen Ahornblatt verglichen wurde, lässt sich auf einem etwa 17 Kilometer langen Wanderweg aufs Angenehmste umrunden. Fontane schreibt in seinem Stechlin-Roman über die Lage des eiszeitlichen Sees: »Zwischen flachen, nur an einer einzigen Stelle steil und kaiartig ansteigenden Ufern liegt er da, rundum von alten Buchen eingefaßt, deren Zweige, von ihrer eigenen Schwere nach unten gezogen, den See mit ihrer Spitze berühren.«

STECHLINSEE

GRÖSSE: 452 Hektar
ZUGANG: Über den Ortskern von Neuglobsow
BADEN: Badestelle Stechlinsee (Imbiss, WC, Spielplatz), etliche Naturbadestellen
BOOTE: An der Badestelle Stechlinsee
ÖPNV: Ab Fürstenberg (Havel) mit dem Bus bis Neuglobsow
TIPP: Rundweg (je nach Route 14 bis 17 km) um den See

Badestelle am Stechlinsee

Ursprünglich war der Stechlinsee ein mitten in den Wäldern gelegener See ohne jeden Zufluss und Abfluss. Nach der letzten Eiszeit konnte sich in diesem weltabgeschiedenen Gewässer eine spezielle Maränenart entwickeln, die sich meistens in seinen Tiefenregionen aufhält. Diese Maräne, die nur hier vorkommt und als Delikatesse gilt, wurde erst 2003 entdeckt und Fontane zu Ehren *Coregonus fontanae*, also Fontanemaräne genannt. Im 18. Jahrhundert dann erhielt der Stechlinsee mit dem Polzowkanal eine Verbindung zum Nehmitzsee und damit bis zur Havel. Der kleine Ort Neuglobsow am Rande des Sees entstand erst 1780 als Glashütte für grünes Glas, dessen Geschichte seit 2002 im hiesigen, zurzeit geschlossenen Glasmuseum nacherzählt wird. An einigen hölzernen Fensterläden der niedrigen Glasmacherhäuser von einst ist der rote Hahn der Sage angebracht, mit dem leichtsinnige Fischer zur Besonnenheit angehalten werden sollten. Eine der traditionellen Fischerfamilien, nämlich Böttcher & Sohn, betreibt bereits in der siebten Generation, also seit etwa 200 Jahren, die »Fischerei Stechlinsee«. Am Strand von Neuglobsow führt sie auch eine Fischräucherei mit Imbiss und bringt, je nach Saison und Fang, Hechte, Schleie, Aale, Plötzen, Rotfedern, Flussbarsche und Maränen auf den Tisch.

Wer um den stillen See wandert und die wechselnde See- und Waldlandschaft mit ihrem heiteren Ernst auf sich einwirken lässt, wird in der Nähe des Polzow-Kanals aus seinen poetischen, elegischen oder einfach angenehmen

Blick auf den Stechlinsee

Betrachtungen gerissen werden. Denn hier stößt man auf das ehemalige Kernkraftwerk Rheinsberg, das zwischen 1960 und 1966 erbaut wurde und sich seit 1995 im Rückbau befindet. Derzeit ist kein Abriss des Gebäudes in Sicht, da sich die Abklingphase noch über einige Jahrzehnte hinziehen wird. Das Kraftwerk mit einem sowjetischen Kernreaktortyp bezog das Kühlwasser aus dem nahen Nehmitzsee und leitete das gebrauchte Wasser in den Stechlinsee ab, was zu einer Erwärmung des Sees führte. Die einst in Neuglobsow ansässige linientreue DDR-Heimatdichterin Lori Ludwig verfasste nicht nur eine Stechlinsee-Hymne, die mit der Zeile »Stechlinsee, versteckt in den Wäldern, mit Buchten von Schilf umnickt« beginnt. Sie verlieh auch 1960 dem im Bau begriffenen Atomkraftwerk eine Stimme, in der sich homerischer Epos-Ton und frohe sozialistische Zukunftsgewissheit über den »Riesen«, der »dienen wird friedlichen Zwecken«, unbefangen mischen: »Wir krochen hindurch / unter Rohrleitungen / und blickten / von des Reaktorgebäudes schwindelnder Höhe / hinab auf den großen / waldumgürteten Bauplatz (...)«. Doch wurde über das Kernkraftwerk nach seiner Inbetriebnahme offiziell ein Schleier des Schweigens gelegt. Auf den DDR-Land- und Wanderkarten der 1970er und 1980er Jahre jedenfalls fehlt von dem unübersehbaren Komplex jede Spur.

Fontane aber hat, ausgehend von einem Stück Natur, eine ganze literarische Welt erschaffen. Und er hat dem schweigenden Stechlinsee die Zunge gelöst, in-

dem er aus dem roten Hahn der Sage, der eine Bestrafung für mutwillige Schiffer sein sollte, einen Signalhahn für die seismischen Beziehungen zur großen Welt macht, zu den Vulkanen und Erdbeben von Island, Java, Lissabon und Hawaii, die das Wasser des sonst so stillen, spiegelglatten Sees aufwühlen, ja, zu Fontänen hochspritzen lassen können. Denn, so fasst Fontane die aufklärerische Botschaft des geheimnisvollen Sees zusammen: »Vor allem sollen wir, wie der Stechlin uns lehrt, den großen Zusammenhang der Dinge nie vergessen. Sich abschließen, heißt sich einmauern, und sich einmauern ist Tod.«

1 Wandlitzer See, Liepnitzsee
2 Zehdenicker Tonstichlandschaft
3 Haussee, Moderfitzsee, Sidowsee, Stolpsee
4 Ober- und Unteruckersee
5 Wolletzsee
6 Werbellinsee, Grimnitzsee
7 Parsteiner See
8 Schermützelsee
9 Straussee
10 Stienitzsee, Kalksee, Flakesee
11 Müggelsee
12 Löcknitz-Seenkette
13 Storkower Seenlandschaft
14 Scharmützelsee
15 Helenesee
16 Großer Müllroser See
17 Schwielochsee
18 Lausitzer Seenland
19 Teupitzer See
20 Große Havelseenkette bei Potsdam
21 Großer Wannsee
22 Groß Glienicker See, Sacrower See
23 Heiliger See, Jungfernsee
24 Havelseenkette bei Brandenburg
25 Tegeler See, Nieder Neuendorfer See
26 Lehnitzsee
27 Hohennauener-Ferchesarer See
28 Kyritzer Seenkette
29 Ruppiner See
30 Huwenowsee
31 Wutzsee
32 Rheinsberger See, Grienericksee
33 Stechlinsee

Tollensesee
Mecklenburg-Vorpommern
POLEN
chsen
Oder
Spree
Nuthe
Prenzlau
Fürstenberg
Templin
Rheinsberg
Schwedt
Angermünde
Zehdenick
Neuruppin
Schorfheide
Eberswalde
Oranienburg
Bad Freienwalde
Bernau bei Berlin
Hennigsdorf
Nauen
Falkensee
Strausberg
Seelow
Erkner
Potsdam
Teltow
Fürstenwalde
Frankfurt (Oder)
Ludwigsfelde
Königs Wusterhausen
Trebbin
Beeskow
Eisenhüttenstadt
Luckenwalde
Jüterbog
Guben
Lübben
Lübbenau
Luckau
Cottbus
Forst
Herzberg
Finsterwalde
Spremberg
Bad Liebenwerda
Lauchhammer
Senftenberg
1
2
3
4
5
6
7
8
9
10
11
12
13
14
15
16
17
18
19
20
21
22
23
25
26
29
30
31
32
33

Bildnachweis

AdobeStock: 2, 7, 8, 10, 12, 13, 15, 16, 17, 19, 20, 21, 23, 27, 28 (o. l. und r.), 31, 32 (alle), 39, 40, 52 (u. l. und r.), 55, 56 (o. r. und u.), 59, 62/63, 66, 69, 70 (alle), 73, 74 (alle), 75, 76, 80, 81 (o., Mitte und u. r.), 85, 86 (alle), 90 (alle), 93, 94 (alle), 97, 98 (alle), 101, 102 (alle), 103 (alle), 104 (alle), 107, 108, 110, 111 (u.), 112 (o., u. l.), 114/115, 118, 119 (o. und u. r.), 121 (u. l. und r.), 122, 123, 125, 126, 127 (u.), 128, 131, 133, 134 (alle), 138 (u. r.), 139 (alle), 143, 144 (alle), 145, 146, 147, 148 (o., Mitte l. und Mitte r.), 151, 152, 153, 154 (alle), 155 (alle), 156 (alle), 157, 158, 159, 162/163, 165, 166 (alle), 168 (o. und u. l.), 171, 172 (o. r. und o. l.), 175, 176 (alle), 177, 178 (alle), 182 (o. r.), 185, 186 (alle), 189, 190 (alle), 193, 194 (alle), 197, 198, 199 (alle), 200 (alle), 203, 204

Archiv des Verlags: 65

picture alliance: 52 (o. l.; ZB/Patrick Pleul), 79 (Patrick Pleul), 81 (u. l.; Patrick Pleul), 89 (Patrick Pleul), 109 (Marc Vorwerk/SULUPRESS.DE), 132 (imageBROKER/Schoening), 140 (Jörg Carstensen), 172 (u.; Monika Skolimowska)

Schieb, Roswitha: 24/25, 28 (u. l.), 35 (alle), 36 (alle), 43, 44, 47, 48 (alle), 82, 111 (o. l. und o. r.), 112 (u. r.), 120, 121 (o. l.), 124 (alle), 127 (o.), 137, 138 (l. und o. r.), 148 (u.), 160, 181, 182 (l. und u. r.)

Stadtarchiv Hennigsdorf, Fotograf: Frank Liebke: 168 (u. r.)

Wikimedia: 51 (RalfR-08), 56 (o. l.; A.Savin), 60 (Jörg Fuhrman), 119 (u. l.; Stephan M. Höhne), 126 (o.), 167 (Sekamor)

Über die Autorin

Roswitha Schieb studierte Literatur- und Kunstwissenschaft in Köln und Berlin und arbeitet als Buchautorin, Essayistin und Publizistin für verschiedene Zeitschriften und Zeitungen. Sie lebt im brandenburgischen Hohen Neuendorf. Bei Elsengold erschienen zuletzt ihre Bücher »Schlesien – Geschichte, Landschaft, Kultur« (4. Auflage 2023), »Der Berliner Witz« (2021) und »Die Berliner Secession« (2022). 2021 wurde sie mit dem Kulturpreis Schlesien des Landes Niedersachsen ausgezeichnet.

SEENSUCHTSLAND BRANDENBURG

Bei einem Ausflug nach Brandenburg gibt es kaum etwas Besseres, als am Ufer eines Sees spazieren zu gehen oder sich in seinem Wasser zu erfrischen. Roswitha Schieb zeigt uns die 33 schönsten und spannendsten Seen Brandenburgs, deren Besuch sich zu jeder Jahreszeit lohnt.

Neben Tipps zu Badestellen, Wander- und Radwegen gibt das Buch Hinweise zu nahegelegenen Sehenswürdigkeiten und erzählt Kulturgeschichte rund um die Seen und die umliegenden Ortschaften. Das ultimative Seenbuch für alle, die Brandenburgs schönste Seiten kennenlernen wollen!

18 € [D]
ISBN 978-3-89809-240-1

www.bebraverlag.

Roswitha Schieb

Die schönsten Seen in BRANDENBURG

Ausflüge zu Natur, Kultur und Geschichte

BeBra Verlag